Klaus Jürgen Becker

Ho´oponopono
der innere Diamant

1. Auflage Juli 2009
2. Auflage Oktober 2009

Gesamtherstellung: RiWei-Verlagsdruckerei
Lektorat: Anita Radi-Pentz
Umschlaggestaltung: Ulrike Bürger
Satz: Meike Scholtes

© RiWei-Verlag GmbH
Postfach 20 04 54
93063 Regensburg
Tel. 0941 / 799 45 70
Fax. 0941 / 799 45 72
EMail: info@riwei-verlag.de
Webseite: www.riwei-verlag.de
Shop: www.urteilchen.de

ISBN 978-3-89758-635-2

Ho´oponopono – der innere Diamant

Zu dem Namen „Diamant":

Der Diamant ist das härteste bekannte Mineral und metastabil. Das Wort leitet sich aus dem griechischen *adámas*, „unbezwingbar" ab, wird aber auch mit Licht („daimon") gleichgesetzt. Im Diamant sind die Atome tetraedrisch gebunden, eine Struktur, die wir in dem Kapitel über die Diamond-Technik wiederfinden werden.

Wir wissen heute, dass es ältere Diamanten gibt, die mehr als drei Milliarden Jahre sind, aber auch jüngere, die allerdings immer noch ein Alter von mehreren hundert Millionen Jahren erreichen. Nahezu unentdeckt ist jedoch noch „der menschliche Diamant".

Ein Diamant hat eine sehr hohe Lichtbrechung und einen starken Glanz; durch gekonnten Schliff wird sein inneres Feuer offenbart. Es besteht aus zahllosen inneren Lichtreflexionen, die dann entstehen, wenn die Winkelverhältnisse im Schliff optimal zueinander stehen. Ebenso wie bei einem Diamanten wird unser seelisches Feuer offenbart, wenn wir den göttlichen Schleifstein anlegen.

Die Maßeinheit für Diamanten ist Karat. Ein Karat entspricht 0,2 Gramm. Den Namen für dieses Maß verdanken wir dem Johannisbrotbaum-Samen („Ceratonia Siliqua"). Und hier zeigt sich die Verbindung zur Pflanzenwelt. In diesem Buch verbinden sich die Zartheit und Empfänglichkeit der Blume mit der Härte und Klarheit des Diamanten. Um es mit einer anderen Analogie zu sagen: Schwert und Rose werden eins.

Abdruckrechte der Bilder:
Leider ist es dem Verlag nicht gelungen, alle Rechtsinhaber der Bilder ausfindig zu machen, um eine Abdruckerlaubnis einzuholen. Falls Sie die Rechte von einem Bild haben, bitten wir Sie, direkt mit dem Verlag Verbindung aufzunehmen. Der Rechtsweg würde nur unnötige Kosten verursachen, die der Verlag nicht bereit ist zu übernehmen. Der Verlag ist grundsätzlich bereit, auch ein Honorar für den Abdruck zu bezahlen.

Inhalt

Vorwort 7
Vorwort zur 2. Auflage 11
Der Ursprung von Ho´oponopono 13
Vier einfache Formeln des Friedens 15
Petition und Stille 17
Dein Pono-Lebenstanz 21
Es tut mir leid: Sei bereit, deine Gefühle wirklich zu fühlen 23
Bitte vergib mir 25
Danke 31
Ho-op im Selbstgespräch 33
Ho´oponopono mit Störgedanken 35
Body Scan und Glasbuddha-Technik 37
Pono und das TAO 47
Die Intuition verbessern durch Ho´oponopono 49
Dein grundlegendes Gutsein - Metta-Meditation und Gayatri 51
Liebesaffären zwischen Problem und Lösung 57
Ho oponopono bei Schmerz, Krankheit und Leid 59
Ho oponopono bei schweren Krisen 69
Wie du deinen eigenen Magnetismus positiv veränderst 73
Die Energie der Unschuld 77
Anregungen zur Einstimmung auf Ho´oponopono 79
Arbeite stets mit dem, was *jetzt* ansteht 83
Das Problem liegt niemals in dem, was ein *Anderer* tut 89
Projektionen erkennen und auflösen – aber wie? 91
Ho´oponopono und Projektionsrücknahme – ein Praxisbeispiel 93
Ho´oponopono und die Arbeit mit den Zwischenräumen 99
Einen Fokus für jemand anderen halten – 101
die hohe Schule des Befähigens 101
Widerstand bewusst machen – und loslassen 105
Ho´oponopono für Kranke 109
Ho´oponopono für Ärzte/Therapeuten 113
Ho-op mit aggressiven Patienten, Klienten oder Bezugspersonen 117
Ho-op und Validation 119
Fragetechnik ELSE und Ho´oponopono 122
Zwiegespräche vorbereiten durch Ho´oponopono 125
Teile-Arbeit – die Befreiung der Identität 129

Ein-Personen-Rollenspiel und generatives NLP	133
Innere Konflikte auflösen - der Visual Squash	147
Eintauchen in den Kern-Zustand	157
Das Geheimnis des Nagarjuna	161
Den Diamanten schleifen – Probleme entkreieren	165
Bildhaft dargestellt – zum Schmunzeln – Ho-op for Dummies	173
Deine wahre Festung	179
Danksagung und Leserservice	181
Forum im Internet	182

Vorwort

*Darum haben Liebesgeschichten keinen Anfang,
weil die Liebe kein Ende hat.*

Vorwort

Nachdem ich das Hauptwerk „Ho´oponopono und die Kraft der Selbstverantwortung" geschrieben hatte, tauchten im Forum des Verlags interessante Fragen auf. Begeisterte Anwender berichteten von ihren Erfolgen. In meinen Beratungen und Kursen zeigten sich neue Anwendungsmöglichkeiten. Kranke, aber auch Ärzte, Therapeuten begannen Ho´oponopono in Genesungsprozesse einzubauen. Eine weitere Zielgruppe, die verstärkt auf mich zukam, waren spirituelle Sucher, welche schon seit Jahren meditierten und die einen Schlüssel zur Transzendierung des Verstandes suchten. Viele erlebten, dass Ho´oponopono auch die Intuition, die paranormale Wahrnehmung und ihre Gabe des Hellsehens verbesserten. Zudem erwiesen sich die Kern-Transformation sowie der Diamond-Prozess als hilfreiche Werkzeuge, um die Fesseln des Verstandes abzustreifen und Befreiung zu erreichen.

Ich bin berührt von dem großen Interesse, welches das erste Buch ausgelöst hatte und von der Tatsache, dass anlässlich meiner Vorträge in München und Rosenheim die Säle mit Zuhörern gefüllt waren. Zugleich weiß ich, dass wir mit Ho´oponopono gerade erst begonnen haben – die Anwendungsmöglichkeiten sind noch lange nicht erschöpft.

Als nun mein Verleger, Richard Weigerstorfer auf mich zukam und mich bat, zusätzlich zu dem Hauptwerk ein weiteres Buch über Ho´oponopono zu schreiben, hatte ich ursprünglich vor, lediglich eine gekürzte Fassung des Hauptwerkes herauszugeben. Aufgrund der reichhaltigen Erfahrungen der letzten Monate entschied ich mich dann jedoch, ein komplettes weiteres Ho´oponopono-Buch zu schreiben, das hiermit vorliegt. Für denjenigen, der das Hauptwerk noch nicht kennt, sind sehr wohl die wesentlichen Prinzipien von Ho´oponopono wiederholt, doch zugleich habe ich mich aufgemacht, Neuland zu ergründen und zu dokumentieren. Der Untertitel „der innere Diamant" weist auf den Diamond-Prozess hin, zu dem wir uns gemeinsam im Laufe die-

Vorwort

ses Buches hindurchfinden wollen. Mir liegt es am Herzen, diesen unbezwingbaren inneren Raum und das ewige Licht der Seele, das in jedem von uns ist, anzudeuten. Du erhältst mit diesem Buch einen Schleifstein für deinen inneren Diamanten und Hinweise darauf, wo du ihn finden und wie du mit ihm arbeiten kannst. Ihn zu einem Brillianten zu schleifen, der dein Seelenfeuer wiedergibt, ist dann deine Aufgabe in der praktischen Anwendung dieser wunderbaren Methode.

Berührt durch Ho´oponopono kann der Mensch nicht mehr der bleiben, der er einmal war. Mit der Berührung des Menschen durch die eigene Seele beginnt seine Heldenreise.

Jetzt, wo ich an diesem Diamant-Buch sitze, ist für mich eine Zeit des Erntens und des Dankens. Besonderer Dank gebührt dem Meditationslehrer und spirituellen Meister Sant *Rajinder Singh*. Er eröffnet mir Türen zu Räumen von denen ich früher gar nicht wusste, dass sie existieren und zugleich erfahre ich mit seiner Hilfe, dass ich immer noch ganz am Anfang einer unendlichen Reise stehe. Danken möchte ich auch dem ZEN-Meister *Genpo Roshi*, dem ich in Berlin begegnen durfte und dessen Big-Mind-Prozess ich als einen der elegantesten und effektivsten Wege erfahren habe, um mit dem universalen Buddha in Kontakt zu kommen. Durch Genpo Roshi erfuhr ich, dass der Buddha unsere Hände braucht, wenn er auf Erden wirken will. Mein Dank gilt auch dem 1990 verstorbenen spirituellen Lehrer *Osho*, durch den ich als erster diesen Raum der Stille erfuhr, mein inneres Asyl und die Freiheit, ich selbst zu sein.

Meinen Freund und Heilpraktiker *Andreas Krüger* aus Berlin möchte ich besonders ehren. Ich danke ihm nicht nur für seine hervorragende schamanische und homöopathische Begleitung, seine unermüdliche Seelsorge für alle seine Freunde, sondern auch für das wundervolle Vorbild, das er mir durch seinen authentischen Selbstausdruck gibt. Danken möchte ich weiterhin *Kurt Tepperwein*, dessen besondere Waage-Qualitäten seit mittlerweile über 25 Jahren zur Entwicklung meiner eigenen Feinfühligkeit beitragen. Danken möchte ich natürlich auch der Leiterin des Instituts für Praxisorientierte Neue Homöopathie PraNeoHom®, *Layena Bassols Rheinfelder* – unabhängig von unserer privaten Beziehung – für das wundervolle Vorbild an Herzensweite, Authentizität, Werten, Fleiß, Professionalität und Manifestation und all die bodenständigen Steinbock-Qualitäten, die sie in mein Leben bringt. Und last not least gebührt mein Dank natürlich Richard Weigerstorfer, mein Verleger, der für mich eine Aus-

Vorwort

nahmeerscheinung in spiritueller Menschlichkeit ist – Richard, danke, dass wir zusammen arbeiten dürfen!

Der heilige Ramakrishna sagte einmal zu seinen Schülern: „Ihr denkt, ihr seid meine Schüler, aber in Wahrheit bin ich der Schüler von euch allen!" Und so danke ich all den Lehrern, die mir in so vielfältigen Gesichtern heute an jeder Straßenecke begegnen. Ich danke für die erhebenden Erfahrungen, die mich den Himmel küssen ließen und ich danke für die niederschmetternden Erfahrungen, die mich in die Erde stampften – denn Dur und Moll, Höhe und Tiefe bedingen und brauchen einander.

Meine Freunde und Lehrer, denen ich auf meinem spirituellen Weg begegnen durfte, lehrten mich, dass spirituelle Erfahrungen der Welt wenig nützen, solange das in der Meditation Erkannte nicht in der Welt gelebt werden kann. Dafür brauchte ich ein Werkzeug und fand es in Ho´oponopono. Ich bin das Ganze. Nach meiner Erfahrung funktioniert Ho´oponopono immer und in jedem einzelnen Fall SOFORT, augenblicklich. Es ist, als hättest du einen Zauberstab in der Hand: Mit Hilfe von Ho´oponopono wandelst du JEDE Situation in jedem Augenblick. Es gibt nur eine einzige Ausnahme: Falls du im JETZT deinen eigenen sensitiven Punkt nicht finden kannst, dann ist die Anwendung von Ho´oponopono getrübt. Doch das macht nichts: Übe einfach fleißig weiter, so wie ein Maler sich in der Malkunst und ein Musiker sich in der Kunst seines Instrumentes übt, bis du irgendwann deinen eigenen sensitiven Punkt erreicht hast.

Essentiell für die Anwendung von Ho´oponopono ist dein Kontakt zu etwas, das größer ist als du selbst. Dies erfordert von dir die Bereitschaft, dich für dieses „Größere", wie immer du dieses nennen magst, zu öffnen.

Es ist das Göttliche, das durch dich die Arbeit von Ho´oponopono tut. Das kleine „Ich", als das wir uns gemeinhin verstehen, das „operierende Ego", ist dazu nicht in der Lage. Es geht also nicht darum, dass *„du"* Ho´oponopono machst, sondern dass du ein *Kanal* für Ho´oponopono bist, das heißt, dass du als „Ich" zurücktrittst und „es" durch dich die Arbeit machen lässt. Es ist genau das Loslassen der Manipulationsversuche, welches „Pono", die göttliche Ordnung, hervortreten lässt.

Ho-op ist keine Technik für ein „Ich". Wir dürfen Ho-op *durch* uns geschehen lassen. Wann immer du spürst, dass Ho-op nicht greift, bist du wahrscheinlich

Vorwort

im Verstand. In dem Fall lasse dich von dieser Kraft, die größer ist als dein Ich, durch den Ho´oponopono-Prozess tragen. Wenn du diese Bereitschaft mitbringst, wirst du früher oder später die Präsenz einer „größeren" Kraft spüren können, der du vertrauen kannst. Vielleicht hast du sie ja bereits erlebt? Es ist nicht notwendig, in einer ganz bestimmten Konfession zu sein, um Ho´oponopono anzuwenden, du solltest jedoch bereit sein, dich einer größeren, universalen Kraft zu öffnen, wie immer du diese nennen magst.

Ho´oponopono ist eine Möglichkeit, dem Leben etwas von dem Guten, das wir erfahren haben, zurückzugeben – und zugleich die effektivste Möglichkeit, das eigene Bewusstsein zu bereinigen, indem wir „das Göttliche", das in jedem von uns lebt, bitten, dies durch uns zu tun. Es ist ein Weg, um die Gnade der Einen Kraft durch unser Leben geschehen zu lassen.

In diesem Buch möchte ich meinen Lesern die vielfältigen Einsatzmöglichkeiten von Ho´oponopono aufzeigen. Die Möglichkeiten, die uns Ho´oponopono bietet, könnten sich auch für dich als „Schatz am Ende des Regenbogens" erweisen.

Komm mit mir auf diese wunderbare Reise. Mache dich mit den vielen Anwendern von Ho´oponopono auf, dich selbst, deine Beziehungen – und damit deine ganze Welt zu transformieren.

Seefeld, Mai 2009

Klaus Jürgen Becker

Vorwort zur 2. Auflage

Im Sommer 2009, nach Erscheinen der ersten Auflage, wurde mir bewusst, wie wichtig es ist, einen Weg aufzuzeigen, wie man Ho´oponopono auch angesichts von Schmerz-, Leid- und Krisen-Erfahrungen einsetzen kann. Ich entschied mich, zwei Kapitel über diese Thematik zu verfassen. Ich bin meinem Verleger Richard Weigerstorfer dankbar, dass er sie zusätzlich zur 1. Auflage noch in dieses Buch aufgenommen hat. So erfahren auch Menschen, die davon betroffen sind, die entsprechende Unterstützung.

Seefeld, Oktober, 2009

Klaus Jürgen Becker

Vorwort zur 2. Auflage

Der Ursprung von Ho´oponopono

- *ho'o*, machen, begründen oder bewirken
- *pono,* korrekt, richtig, stimmig, flexibel, im Gleichgewicht
- *ponopono*, in Ordnung bringen, kümmern um, auf das, was stimmig ist, bezogen sein
- *ho´oponopono*, etwas richtig stellen, einen Irrtum zurücknehmen, korrigieren, die Dinge untereinander und mit Gott zurechtrücken.

Ebenfalls aus Hawaii stammen die nachfolgenden sieben Grundprinzipien, welche mit Ho-op verknüpft werden können:

- Liebe („aloha"): Lieben heißt glücklich zu sein mit dem, was ist!
- Macht („mana"): Alle Macht kommt von innen!
- Konzentration („makia"): Die Konzentration folgt der Aufmerksamkeit!
- Bewusstsein („ike"): Die Welt ist das, wofür ich sie halte!
- Freiheit („kala"): Es gibt keine Grenzen!
- Ausdauer („manawa"): Jetzt ist der Augenblick der Macht!
- Göttliche Ordnung („pono"): Wirksamkeit ist das Maß der Wahrheit!

In dem Buch „Ho´oponopono und die Kraft der Selbstverantwortung" habe ich diese Gesetze und ihre Zusammenhänge ausführlich beschrieben.

Der Ursprung von Ho´oponopono

Vier einfache Formeln des Friedens

In dieser Zeit der spirituellen Morgenröte beginnt das Wissen um Ho´oponopono sich auf der ganzen Welt auszubreiten und wird mittlerweile nicht nur in Hawaii, sondern auch in den restlichen Staaten der USA, in Europa und in immer mehr Regionen der Welt gelehrt.

Ho´oponopono lehrt dich vier einfache, für jedermann verständliche Wortfolgen, die dir, wenn du diese ständig wiederholst, Frieden und Erlösung bringen und dir und anderen auf geheimnisvolle Art helfen, deine Welt zu verwandeln. Mit ihrer Hilfe ist es möglich, dich quasi wie Münchhausen am eigenen Schopf aus dem Sumpf zu ziehen. Indem du immer wieder in Gedanken, tief konzentriert, flüsternd oder laut diese Wortfolgen wiederholst, wird deine Aufmerksamkeit automatisch von Bewertungen, Urteilen und negativen Gedanken ab- und zu dem, was größer ist als wir, hingezogen.

Die vier Wortfolgen, die dein ganzes Leben positiv verwandeln, lauten:

❀ *Ich liebe dich.*

❀ *Es tut mir leid.*

❀ *Bitte vergib mir.*

❀ *Danke!*

Alleine, wenn du diese Worte immer wieder innerlich wiederholst, wirst du erleben, wie sich bereits dadurch dein Leben positiv verwandelt. Selbst, wenn du diese Sätze nicht fühlen kannst und vielleicht auch ihre Bedeutung nicht verstehst, probiere einfach, sie gedanklich in kritischen Situationen regelmäßig zu wiederholen: *„Ich liebe dich - bitte verzeih mir - es tut mir leid - danke".* Alleine die Bereitschaft zählt!

Auch wenn es inzwischen Lieder gibt, die auf den vier Wortfolgen aufbauen, geht es bei Ho´oponopono (Ho-op) um wesentlich mehr als diese Wortfolgen. Ho-op offenbart für jeden von uns die praktische Anwendung der „Magie der

Vier einfache Formeln des Friedens

Liebe". Die vier Wortfolgen sind quasi die ersten Grundschritte zu unserem Lebenstanz.

Wer jemals eine Tanzschule besucht hat, weiß, dass die Grundschritte uns ein Rückgrat, eine Basis geben, doch dass das Tanzen eine hohe Kunst mit sehr vielen Facetten ist. Da geht es um Rhythmus, Taktgefühl, Haltung, Harmonie mit dem Tanzpartner und vieles andere mehr. Tanzen ist eine Kunst, die durch ständige Übung perfektioniert wird, bis nicht mehr „du" der Tänzer bist, sondern „es" durch dich tanzt. Die Grundschritte zu können bedeutet also noch lange nicht, einen Tanz zu beherrschen, doch sie sind erst einmal ein brauchbarer Anfang. Das vorliegende Buch möchte dich von den Grundschritten bis zu deinem inneren Diamanten führen. Doch alleine, wenn du nichts anderes tust, als die oben bezeichneten Wortfolgen immer wieder zu wiederholen und sie immer wieder im Herzen zu bewegen, wirst du davon profitieren. Selbst wenn du bei den Höhen und Tiefen des Ho-op-Prozesses aus dem „Takt" geraten solltest, macht das nichts, wiederhole einfach deine Grundschritte, die vier Wortfolgen. Mit diesen vier Zutaten plus der Ergänzung (Bitte und Stille) wird im Ho´oponopono-Prozess gekocht – sie haben es in sich und sind ungeheuer ausbaufähig, wie wir noch sehen werden.

Übung: Wiederhole je nach Anlass innerlich die jeweils passenden Worte immer wieder:

1. Es tut mir leid
2. Bitte
3. Vergib mir
4. Danke

Petition und Stille

In der bisherigen Form des Ho´oponopono kommt das Wort „Bitte" nicht ausdrücklich in der Wortfolge vor, sondern ist automatisch in der gesamten Praxis des Ho´oponopono inbegriffen. Die Hawaiianischen Priester sprechen in dem Zusammenhang von „Ho´oponopono" als von einer „Petition", die sie gegenüber dem Göttlichen einreichen. Die Bitte und die Stille hilft uns, unsere Aufmerksamkeit auszurichten. Auch wenn für den Priester aus Hawaii dieser Punkt selbstverständlich ist, sollten wir ihn uns immer wieder bewusst machen, um unsere Aufmerksamkeit zu bündeln.

Was für den Wissenden eine Selbstverständlichkeit ist, droht bei uns immer wieder in Vergessenheit zu geraten, nämlich die Tatsache, dass nicht „wir" die Handelnden sind, sondern dass es die Göttlichkeit ist, die durch uns die Arbeit tut. Damit wir uns daran immer wieder erinnern, erscheint es mir wichtig, der „Bitte" einen separaten Stellenwert zu geben.

In der Bibel heißt es: „Bitte und dir wird gegeben!" Das Wort „bitte" beinhaltet in dem Zusammenhang, dass wir eine Macht, größer als unser „ich", von der wir natürlich nicht getrennt sind, bitten, das Problem durch uns zu bereinigen. Das innere Wissen, dass nicht „wir" es sind, welche Ho´oponopono durchführen, sondern das besagte Größere in uns dieses bewirkt, entlastet uns von der Tendenz, die Dinge persönlich zu nehmen. Jesus sagt in dem Zusammenhang: „Nicht ich, sondern der Vater *durch* mich tut die Werke!"

Trotzdem sind wir natürlich voll verantwortlich. Das klingt paradox, ist es aber nicht: Wir verantworten, was wir erleben, nehmen es in unser Herz und lassen das Göttliche die Arbeit tun.

Kommen wir nun zu der zweiten Ergänzung, der *Stille*: In der „Stille" schweigen unsere Wortfolgen. Es ist das Innehalten zur Meditation, welches die Transformation, die Mutation, den Quantensprung im Bewusstsein ermöglicht.

Jede Bewusstseinstechnik, die auf Erden angeboten wird, auch Ho-op ist eine Brücke. Sie kann nur eine Brücke sein, nicht mehr. Und hier liegt jeweils die große Gefahr, wenn wir die Brücke, das Instrument für die Sache selber nehmen. Wir haben eine Situation, einen Umstand, eine Person, die uns nicht be-

Petition und Stille

hagen und wir machen Ho´oponopono, wie in dem Buch beschrieben, wir wiederholen unser „Mantra": *„es tut mir leid und ich liebe dich", „ich verstehe und ich liebe dich", „ich liebe dich, so wie du bist", „ich verzeihe dir und ich liebe dich"* – alles wunderbar und was dann?

Dann kommt die *„Magie der Stille"* ohne die es keine Wandlung geben kann. Meister Eckhart hat diese Phase sehr schön mit den Worten beschrieben: „Im Gebet spreche ich zu Gott – in der Meditation spricht Gott zu mir!" Die Bitte (Petition) ist das Gebet. Die Stille ist das in sich spüren, in dem der Wechsel der Identifikation geschieht, das ge- und erfüllt-Werden von dem Ganzen.

Es *gibt* diesen Augenblick zu dem wir vom Mind in die Stille, das was Osho den „No Mind" nennt, springen müssen. Den nenne ich „das Auskosten". Wenn wir unsere magischen Formeln betätigt haben, erleben wir irgendwann einen Punkt der Sättigung. Wir spüren: Es ist genug. Auf einmal ist da ein tiefes Innehalten.

Wir kommen in Kontakt mit dem „universalen Selbst". Im reinen Wahrnehmen, im Verharren in der Magie der Stille erscheint „es", das was größer ist als wir, als dieses „ich", das sich Klaus, Peter oder Fritz nennt. Es ist ein Wechsel der Identifikation, verbunden mit einem „Auskosten" in der Stille. Was kosten wir aus? Das Hereinkommen von unserem wahren Selbst. Wir fühlen uns in der Mitte zentriert in eigener Autorität. Dies ist der Moment, den wir als das *Auskosten* erfahren.

Wir verharren in der Stille, bis wir einen positiven Energiefluss und mit ihm die Gewissheit spüren, dass unsere Petition angenommen ist.

Danke

Das „Danke", das in dem Ho´oponopono-Prozess an vierter Stelle aufgeführt ist, ist die natürliche Folge aus unserer Stille. Gegen Ende des Ho-op-Prozesses, wenn du einige Zeit lang die Wortfolgen wiederholt hast und in die „Stille" gegangen bist, wirst du automatisch feststellen, dass die Stille in einem „Danke" mündet, dass ein tiefes „Danke", vielleicht sogar ein Jubeln, ein „Freude schöner Götterfunken" aus dir hervorquillt.

Wenn wir in Ho´oponopono geübt sind, begleitet das „Danke" ebenso wie die Bitte unseren gesamten Prozess. Erfahrene Anwender von Ho´oponopono be-

Petition und Stille

ginnen oftmals damit, dass sie zuerst einmal für das Gute danken, das sie bisher erhalten haben. Doch wenn dies nicht möglich ist, beispielsweise, weil sie zu aufgewühlt sind, um Dankbarkeit empfinden zu können, spüren sie zu Beginn des Prozesses dem aufgewühlten Teil in sich nach und sagen zu ihm „ich verstehe dich und ich liebe dich".

Zusatzübung: Probiere es auch aus, abends beim Einschlafen und morgens beim Aufwachen immer wieder innerlich das Wort „danke" zu wiederholen. Vielleicht magst du dir auch beim Einschlafen und beim Aufwachen einige Minuten lang überlegen, wofür du JETZT dankbar sein kannst, um dafür innerlich „danke" zu sagen.

> Danke –
> das gesündeste Wort der Welt

Petition und Stille

Dein Pono-Lebenstanz

Du kannst eine, zwei, drei oder vier dieser Wortfolgen gleichzeitig oder hintereinander benutzen, die Reihenfolge verändern und diese Sätze auch mit „Ergänzungsformeln" (s.u.) verbinden. Alleine, wenn du die vier Formeln innerlich wiederholst, wirst du erleben, wie sich bereits dadurch dein Leben positiv verwandelt, selbst wenn du noch nicht tiefer in die Geheimnisse von Ho´oponopono eingeweiht bist. Mit fortwährendem Üben wirst du automatisch den „Spirit von Ho´oponopono" aufnehmen und ausdrücken, die Bereitschaft zum Fühlen, Vergeben, Lieben und Danken. Die Aufgabe dieser vier Formeln ist, den Geist des Fühlens, der Vergebung, der Liebe und der Dankbarkeit zu wecken und das Göttliche durch dich seine Arbeit tun zu lassen. Alleine deine Bereitschaft zählt!!!

Wann immer du bei den Höhen und Tiefen des Ho-op-Prozesses aus dem „Takt" geraten solltest, wiederhole einfach deine Grundschritte, deine vier Wortfolgen. Sie haben es in sich und sind in vielen Variationen einsetzbar, wie wir noch sehen werden.

Wie bei den Tanzschritten kannst du die Reihenfolge je nach Anlass verändern, Passagen ergänzen oder weglassen. Vielleicht magst du vielleicht statt der obigen Reihenfolge beispielsweise die folgenden Alternativformeln wählen:

❀ *„Ich liebe dich – danke!"*

❀ *„Danke, dass ich danken darf!"*

❀ *„Ich verstehe[1] und ich liebe dich!"*

---

[1] Gemeint ist in dem Fall nicht das intellektuelle Verstehen, sondern das Verstehen mit dem Herzen.

Dein Pono-Lebenstanz

Einleitungsformeln

„Einleitungsformeln" sind im herkömmlichen Ho´oponopono-Prozess nicht ausdrücklich beschrieben, helfen dir aber, deine Aufmerksamkeit auszurichten. Einleitungsformeln sind:

❁ *Ja, das habe ich kreiert!*

❁ *Ich bin gemeint!*

❁ Ich verantworte dich (mich)!

❁ *Ich bin (auch) du!*

❁ *Du bist auch in mir!*

❁ Ich nehme dich nicht wahr, bitte zeige dich mir!

❁ Ich möchte dich tiefer verstehen!

❁ Ich nehme dich an, wie immer du bist!

❁ *Ich bin bereit, das Geschenk im Problem ganz anzunehmen!*

Wir können nichts transformieren oder verändern, was wir nicht als eigene Kreation verantworten wollen. Mit der Verantwortung („der andere ist schuld") geben wir auch die Macht ab. Deshalb hat die Formel „ja, ich habe genau das kreiert" eine besondere Bedeutung, denn alles, was wir aus unserer „Schwingungsblase" verdrängen, entzieht uns Energie.

Tipp: Wann immer du Schwierigkeiten hast, in die vier Formeln von Ho-op zu kommen, beginne erst einmal damit, die Einleitungsformel(n) deiner Wahl immer wieder zu denken oder auszusprechen. Dadurch öffnet sich das Herz, es entstehen automatisch Verständnis, Reue, Selbstliebe, so dass dir die Formeln „es tut mir leid, bitte vergib mir, ich liebe dich, danke" von selbst als innere Herzensregung entwachsen.

Es tut mir leid: Sei bereit, deine Gefühle wirklich zu fühlen

Die Formel „es tut mir leid" hat zwei Facetten: Zum einen richtet sich dein „es tut mir leid" an das Göttliche in dir bzw. du sprichst es als das Göttliche zu dir. Zum zweiten bedeutet „es tut mir leid" auch „ich spüre den Schmerz!", im Sinne von „ich bin bereit, die damit verbundenen Gefühle unmittelbar zu fühlen." Damit Ho´oponopono funktioniert, müssen wir einen „Griff" finden. Wir können nichts prozessieren, was wir nicht „wahrnehmen", „wahrhaben", „verstehen", „hören" oder „fühlen" wollen. Wann immer du jedoch bereit bist, das, was du erlebst ungefiltert und ohne es zu bewerten zu ergreifen, näherst du dich der Lösung.

Gott sei Dank sind wir empfindungsfähige Wesen und als solche in der Lage, Schmerz empfinden zu können. Die Fähigkeit, Schmerz zu empfinden, und der Wunsch, frei zu sein vom Leiden, verbindet uns mit allen empfindungsfähigen Menschen über alle Religionen und Traditionen hinaus. Sie ist die Quelle universellen Mitgefühls. Wer nie einen ganz bestimmten Schmerz erfahren hat, kann jemand anderen, der genau diesen Schmerz in sich trägt, nicht verstehen. Wer da sagt: „Mit deinem Schmerz habe ich nichts zu tun", lebt in seinem hautverkapselten Ego, nicht bereit und nicht in der Lage, das, was er vorfindet, zu transformieren „Es tut mir leid" muss nicht dramatisch sein – oftmals ist es ein stilles, feines Hinfühlen und Wandeln, bereits die kleinste Öffnung kann schon Großes bewirken.

Während du sagst: „Es tut mir leid", öffne dein Herz, um alles, was mit dem Thema zu tun hat, das du erlösen möchtest, unmittelbar zu fühlen. Wichtig ist, dass du wahrnimmst, erfasst. Vielleicht kannst du den Wunsch, das Leiden zu beenden, nur ein *klein wenig* fühlen. Doch wenn du versuchst, tiefer einzutauchen, wirst du mit der Kraft eines authentischen Gefühls in Kontakt kommen. Herzmuskeln wachsen mit ständiger Übung!!!

Viele Menschen vermeiden es, ihre Empfindungen wirklich wahrzunehmen. Sie haben ihre Emotionen „mentalisiert". Das bedeutet, sie fühlen nicht mehr, was sie fühlen, sondern sie produzieren Gefühle im Gehirn. Sie sagen: „Es tut mir leid", doch es tut ihnen überhaupt nicht leid; sie fühlen nicht einmal, was sie gerade sagen. Ho-op bezieht seine Kraft aus deinen *wirklichen* Gefühlen,

Es tut mir leid: Sei bereit, deine Gefühle wirklich zu fühlen

denn diese bilden den Treibstoff für die Formel. Diese betreffen uns.

„Es tut mir leid" kann sich auf *fremden* oder auch auf *eigenen* Schmerz beziehen..

Durch „es tut mir leid" können wir sogar die eigene Vergangenheit bereinigen. Wir können schlimme Dinge, die einmal geschehen sind, nicht wieder gut machen, aber wir können ihnen die destruktive Ladung entziehen und sie in die Obhut der göttlichen Ordnung geben. Und dies tun wir, indem wir den Schmerz, das Leid, (noch) einmal bewusst fühlen. Wir fühlen jedoch nicht beim anderen, sondern in uns. Genauer gesagt: Wir fühlen in uns den Teil, der in Resonanz mit dem Leiden des anderen schwingt und mit dem Leiden des anderen zusammenhängt. Besondere Aufmerksamkeit kommt dabei dem Raum *zwischen* dir und dem anderen bzw. dir und dem Thema zu. Das Wesentliche geschieht in den Zwischenräumen.

Durch das bewusste Fühlen erwächst in dir automatisch der Wunsch nach Auflösung, Heilung. Es handelt sich hierbei um eine Energie, welche dir die Kraft zum Handeln gibt.

In der Absicht, bei dir selbst tiefer zu gehen, kannst du „es tut mir leid" als Wiederholungsformel verwenden. Es wirkt dann wie ein Sensor (Messgerät), das deinen ureigenen Ladungen auf die Spur kommt.

Durch die Bereitschaft, verdrängte Gefühle wahrzunehmen, öffnet sich dein seelisches Potential. Es ist hilfreich, wenn du in das „es tut mir leid" eintauchst, auch verdrängte Gefühle bewusst zu erlauben. Aber du musst diese Gefühle nicht ausagieren. Es genügt, sie bewusst zu fühlen und zu ihnen liebevoll zu sagen: *„Es tut mir leid!"*

Manche Menschen verbinden das „Es tut mir leid" mit Kindheitsszenarien. Doch heute können diese Worte ganz einfach der Ausdruck des liebenden und unschuldigen Herzens sein, das die Irritationen aufgrund alter Muster bedauert. „Es tut mir leid" auszudrücken bedeutet nicht, dass wir uns klein machen! Das Zurückkehren in das eigene unschuldige Herz und die Kontaktaufnahme mit der Qualität von „es tut mir leid" wird dein ganzes Leben positiv verwandeln.

Wenn du deine Wahrnehmung vertiefen möchtest, empfehle ich dir dafür die Technik des „Focusing" nach Eugene Gendlin, die ich in meinem Buch „Ho´oponopono und die Kraft der Selbstverantwortung" beschrieben habe.

Bitte vergib mir

Mit den Worten: „Es tut mir leid" drückst du dein Bedauern aus, über das, was du kreiert hast. Dies öffnet quasi dein Zellgedächtnis dafür, dass der verdrängte Zellmüll ins Bewusstsein kommt und zum Abtransport durch den kosmischen Abholservice bereitgestellt werden kann. Wie wir „Vergebung" landläufig verstehen, ist dies etwas, das wir gegenüber jemand anderem leisten. Ho-op geht jedoch davon aus, dass alles, was dir jemand anderes angetan hat, etwas ist, das *du selbst* kreiert hast. (Auch wenn du noch nicht weißt, warum!)

Beim Ho-op-Prozess gehst du so weit, dass du nicht einem *anderen vergibst*, sondern dass du dich selbst – und den anderen – *um Vergebung bittest* für das, was du kreiert hast, was durch den anderen in Erscheinung tritt. Dies mag verrückt klingen, den Dieb dafür um Vergebung zu bitten, dass du ausgelöst hast, dass er dich bestohlen hat, oder deinen Partner dafür um Vergebung zu bitten, dass du ausgelöst hast, dass er dich anschreit. Aber das „Verrückte" ist, dass es funktioniert, dass es dich und die Menschen um dich herum wandelt.

Wenn du dich selbst und die anderen um Vergebung bittest für das Unangenehme, das in der Welt ist, dann sorgst du nicht nur dafür, dass die unerfreuliche Ladung aus deinem Zellgedächtnis gelöscht wird, du löschst sie auch aus dem Gedächtnis der Menschheit, denn in der Wurzel sind wir alle eins.

Für die erlösende Wirkung der Formel „Bitte vergib mir" ist es übrigens nicht wichtig, ob im Außen dir jemand vergibt. Mit der Formel „Bitte vergib mir" gibst du also keinesfalls die Macht der Vergebung an jemand anderen ab. Ob der andere dir vergeben kann oder nicht, ist nicht so wichtig. Das „Bitte vergib mir" ist nur wichtig für dich selbst. Indem du diese Bitte ehrlichen Herzens äußerst, machst du dich verfügbar, um Vergebung (=Löschung) zu empfangen. Es ist letztendlich das Göttliche, das durch diese Bitte eingeladen wird, durch dich zu „vergeben", d.h. Fehlprogramme auf deiner Festplatte zu löschen. Die „andere" Person ist nur der Auslöser deiner Aufmerksamkeit. Letztendlich kannst du für **alles**, was dich bedrückt, Vergebung erbitten!!!

Bitte vergib mir

Ich liebe dich

Lieben ist etwas Aktives, selbst dann, wenn es in der Stille stattfindet. Es ist das Bejahen einer wandelnden Kraft, die durch dich fließt. Da die Liebe vom gleichen Wesen ist wie „das Göttliche", wirst du Rückenwind erfahren, wenn du als „Ich" zurücktrittst und der Liebe erlaubst, durch dich zu wirken.

In dem Maße, in dem es dir gelingt, zu angenehmen wie zu unangenehmen Situationen zu sagen: „Sei willkommen", wirst du mehr und mehr die Grenzenlosigkeit von Ho-op erfahren. Liebe beginnt immer mit der Selbstliebe, dem bedingungslosen Annehmen deiner selbst, wie immer du bist. Wahre Liebe stellt keine Bedingungen wie „ich liebe dich, wenn du attraktiv/tugendhaft bist" und scheint wie die Sonne auf alles um sich mit gleicher Gültigkeit. Durch Liebe ermöglichen wir dem Göttlichen, durch uns zu wirken in dem Maße, indem wir lieben können, so wie es Jesus Christus und viele andere vor uns getan haben. Die nachfolgende Geschichte zeigt, warum wir Ho´oponopono auch dann machen, wenn wir selbst nicht von einer Situation betroffen sind.

Liebe installieren – so geht es

Kundenberater: *Können Sie LIEBE installieren?*
Kundin: *Ich glaube schon. Ich bin zwar technisch nicht so begabt, aber ich bin jetzt bereit, mit der Installation zu beginnen. Was mache ich zuerst?*
Berater: *Als erstes öffnen Sie Ihr HERZ. Haben Sie Ihr HERZ schon gefunden?*
Kundin: *Ja, habe ich, aber da laufen im Moment noch mehrere Programme. Kann ich trotzdem mit der Installation beginnen?*
Berater: *Welche Programme laufen denn gerade?*
Kundin: *Moment, ich schau mal nach ... Momentan laufen gerade ALTEVERLETZUNG.exe, WENIG_SELBSTACHTUNG.exe, GROLL.exe und VERSTIMMUNG.com.*
Berater: *Kein Problem. LIEBE wird die ALTEVERLETZUNG.exe automatisch aus Ihrem jetzigen System entfernen. Es kann zwar sein, dass sie im permanenten Speicher bleibt, aber sie wird andere Programme nicht mehr stören. LIEBE wird mit der Zeit auch die WENIG_SELBSTACHTUNG.exe überschreiben,*

Ich liebe dich

und zwar mit ihrem eigenen Modul HOHE_SELBSTACHTUNG.exe. Allerdings müssen Sie die GROLL.exe und die VERSTIMMUNG.com komplett löschen. Diese Programme verhindern, dass LIEBE.exe richtig installiert wird. Könnten Sie die löschen?

Kundin: *Ich weiß nicht, wie das geht. Könnten Sie mir behilflich sein?*
Berater: *Ja, gern. Gehen Sie in Ihr Startmenü und lassen Sie VERGEBUNG.exe laufen. Das machen Sie so oft, bis GROLL.exe und VERSTIMMUNG.com total gelöscht sind.*
Kundin: *Alles klar, hab ich gerade gemacht. LIEBE hat nun angefangen, sich automatisch selbst zu installieren. Ist das normal?*
Berater: *Ja, ist es. Sie müssten eigentlich eine Meldung erhalten, die besagt, dass LIEBE sich um das Leben Ihres HERZens willen selbst installiert. Sehen Sie eine solche Meldung?*
Kundin: *Ja. Ist die Installation jetzt fertig?*
Berater: *Ja, aber denken Sie daran, dass Sie bisher nur die Basis-Version des Programms haben. Sie müssen jetzt noch anfangen, sich mit anderen Herzen zu verbinden, damit Sie die Upgrades bekommen können.*
Kundin: *Huch ... Ich habe schon eine Fehlermeldung! Was soll ich machen?*
Berater: *Was besagt die Meldung?*
Kundin: *Da steht "FEHLER 412 - PROGRAMM LÄUFT NICHT AUF DEN INNEREN KOMPONENTEN." Was bedeutet das?*
Berater: *Machen Sie sich keine Sorgen, das ist ein weit verbreitetes Problem. Es bedeutet, dass LIEBE im Setup darauf eingestellt ist, auf externen HERZen zu laufen, aber auf Ihrem eigenen HERZ noch nicht gelaufen ist. Das ist eins dieser komplizierten Programmierungs-Probleme, aber in normalen Worten ausgedrückt heißt das einfach: Sie müssen LIEBE auf Ihrem eigenen Gerät benutzen, bevor sie auf anderen Geräten eingesetzt werden kann.*
Kundin: *Ah, was soll ich also tun?*
Berater: *Können Sie ein Verzeichnis finden mit dem Titel "SELBSTAKZEPTANZ"?*
Kundin: *Ja, das habe ich hier.*
Berater: *Ausgezeichnet, Sie werden ja langsam ein Profi.*
Kundin: *Danke schön.*
Berater: *Bitte klicken Sie nun die folgenden Dokumente an und kopieren Sie sie in das "MEINHERZ"-Verzeichnis: VERGEBUNG.doc, SELBSTACHTUNG.doc, SELBSTWERT.txt und FREUNDLICHKEIT.doc. Das System wird alle Dokumente überschreiben, die in eventuellem Konflikt stehen könnten und dann damit anfangen, alle falschen Programmierungen auszubessern. Was Sie auch unbedingt von Ihrer Festplatte und aus allen Verzeichnissen löschen müssen, ist die SELBSTKRITIK.exe, und dann müssen Sie unbedingt Ihren Pa-*

Ich liebe dich

pierkorb leeren, um sicherzugehen, dass diese exe auf jeden Fall weg ist und nicht wieder irgendwo auftaucht.
Kundin: Fertig. HEY! Mein HERZ fängt jetzt an, sich mit echt netten Dokumenten zu füllen. Im Moment läuft LÄCHELN.MPG auf meinem Monitor, und das System zeigt an, dass sich gerade WÄRME.com, FRIEDEN.exe und ZU-FRIEDENHEIT.com selber über mein gesamtes HERZ kopieren.
Berater: Ok, in diesem Fall ist LIEBE installiert und läuft auch. Von hier aus müssten Sie nun eigentlich allein zurechtkommen. Eine Sache noch, bevor ich auflege...
Kundin: Ja?
Berater: LIEBE ist freeware. Bitte sorgen Sie dafür, dass Sie LIEBE und ihre verschiedenen Module an jeden weitergeben, dem Sie begegnen. Diese Leute werden das Programm dann wieder anderen weitergeben, und Sie werden mit der Zeit einige sehr schöne Module von den anderen zurückerhalten.
Kundin: Das werde ich tun. Danke für Ihre Hilfe.
Berater: Bitte, sehr gern geschehen. Läuft's bei dir auch schon? viel Erfolg ... und wenn's geklappt hat ... gib es weiter ... Es ist das einzige Programm, das sich verdoppelt, wenn man es teilt ...und vielleicht möchtest du mir gelegentlich ein Update von LÄCHELN.MPG oder WÄRME.com rüber mailen ...
(aus dem Internet, Ursprung unbekannt)

Ich liebe dich

Danke

Das „Danke" im Ho´oponopono-Prozess hat eine zusätzliche Bedeutung, wenn du es nach der Stille aussprichst. Du wartest in der Stille auf die Bestätigung durch das Göttliche, und wenn du es spüren kannst, sagst du: „Danke!"

Tipp: Nachdem du im Ho-op-Prozess die ersten drei Wortfolgen verwendet und deine Bitte geäußert hast, gehe in die Stille. Richte deine „Bitte" an das Göttliche. Bitte, dass der Bereich, der dir gerade am Herzen liegt, transformiert wird. Gehe immer tiefer in die Stille. Du wirst dann erleben, dass Dankbarkeit als die natürliche Folge aus deiner Stille erwächst, und wenn sie in dir aufsteigt, die Bestätigung dafür ist, dass deine Petition an das Göttliche angenommen worden ist.

Nachfolgend drei Schritte, um Dankbarkeit fühlen zu können:

1. Konzentriere dich auf etwas, für das du ehrlichen Herzens dankbar bist. Dies kann ein gegenwärtiges oder ein vergangenes Ereignis sein.
2. Lass den Grund jetzt weg und spüre weiterhin die „Energie der Dankbarkeit" einfach so.
3. Lenke die Energie der Dankbarkeit auf einen Lebensbereich, mit dem du dich gerade auseinandersetzt.

Tipp: Versuche immer wieder Dankbarkeit zu fühlen, prüfe, ob es klappt.

Danke

Ho-op im Selbstgespräch

Falls du alleine bist und den springenden Punkt nicht findest, hilft dir das Selbstgespräch. Hierfür fragst du dich „was ist los?" und antwortest dir selbst laut, so als wenn du einem guten Freund/Therapeuten gegenüber sitzen würdest. Wichtig ist es, tatsächlich die Dinge auszusprechen. Dann machst du mit dem Teil, der in dir aufsteigt Ho-op und fragst dich wieder „was ist los?", antwortest wieder dir selbst und machst damit Ho-op usw. indem du zu allem, was hochkommt die vier magischen Formeln sagst – so kommst du dir selbst auf die Spur.

Ho-op ist ein Prozess, der einmal beginnt und nie mehr endet. Hier ist es wie bei der Liebe – sie hat auch nur einen Anfang – aber kein Ende.

Ho-op im Selbstgespräch

Ho´oponopono mit Störgedanken

Immer wieder kommt es vor, dass wir in die Stille gehen wollen und uns Gedankenformen, die unseren Kopf umschwirren, daran hindern. Kein Problem – mache einfach Ho-op mit den Gedankenformen:

- „Es tut mir leid" (an die Gedanken, dass sie noch nicht gelöst sind)
- „Bitte vergib mir" (zu einem selbst)
- „Ich liebe dich" (ich liebe das Licht, das durch die Gedanken scheint)
- „Danke" (danke für die Veränderung der Energien)

Verlagere dann deine Aufmerksamkeit von den Gedankenformen auf die Präsenz in dir. In meinem Buch „Ho´oponopono und die Kraft der Selbstverantwortung" erhältst du weitere Tipps und Techniken, um mit Störgedanken und Störgefühlen optimal umzugehen.

Ho´oponopono mit Störgedanken

Body Scan und Glasbuddha-Technik

Auf die nachfolgende Übung kam ich aufgrund eines Traumes: Ich träumte von einem Glasbuddha. Ich erwachte daraus mit dem Impuls, die folgende Technik durchzuführen, um eine tiefe Heilung und Transzendenz zu bewirken:

Mache einen Body Scan[2] mit deinem Körper. Dies bedeutet, dass du jede Körperregion atmend und aufmerksam auf Verspannungen von innen her „abtastest", ohne etwas zu beurteilen oder ändern zu wollen. Durch den Body Scan kommst du auf besondere Weise in Kontakt zu dir. Laut dem Begründer Kabat-Zinn erlangst du so einen klareren Eindruck davon, was in und mit dir vorgeht. Fühle dich dafür in deinen Körper hinein, was sich dort an Energien befindet. Achtsam sein bedeutet, Ruhe und Stabilität durch bewusstes „In-sich-hineinfühlen" in den Augenblick hinein zu bringen und dabei nicht zu werten. Nachfolgend die ursprüngliche Fassung nach Kabat-Zinn:

- Lege dich bequem auf den Boden, auf ein Bett oder eine Matratze. Beine etwas spreizen, die Füße kippen nach außen. Deine Arme liegen seitlich am Körper, die Hände sind entspannt und zeigen nach oben.

- Komme zur Ruhe, atme tief in den Bauch hinein und spüre, wie sich mit jedem Atemzug die Bauchdecke leicht hebt und senkt. Lasse dir etwas Zeit.

- Nun lenke deine Aufmerksamkeit in den linken Fuß. Stell dir vor, dass du bis in die Zehen „hinein atmest". Spüre den großen Zeh, den kleinen, die Zehen dazwischen. Registriere alle Empfindungen und Spannungen: Sind die Zehen warm oder kalt, oder beginnen sie plötzlich zu kribbeln … Wenn du nichts spürst, dann eben nicht. Welche Empfindungen auch immer auftauchen – sie werden einfach nur wahrgenommen. Dann stell dir vor, dass du mit dem Ausatmen alle Gefühle und Spannungen loslässt.

- Auf diese Weise lenke deine Aufmerksamkeit nach und nach auf Fuß-

---

[2] Quellenhinweise: Jon Kabat-Zinn, Gesund durch Meditation, Fischer Verlag, 6. Auflage 2006; wenn du magst kannst du auch mit der CD „Body Scan" von Vidyamala Barch und Sona Fricker, Breathworks, Audio CD - August 2004, erhältlich bei Amazon, arbeiten

Body-Scan und Glasbuddha-Technik

- sohle, Fußrücken, Sprunggelenk, Unterschenkel, Knie, Oberschenkel, Leiste.

- Taste so deinen ganzen Körper ab: rechter Fuß bis Leiste, Unterleib, Gesäß und Becken, die Wirbelsäule von unten nach oben, Finger der linken Hand bis zur Schulter, Finger der rechten Hand bis zur Schulter, Nacken, Hals, Gesicht, Kopf bis zum höchsten Punkt.

- Am Ende der Übung – sie dauert etwa 30 Minuten – spüre noch einmal deine Atmung und komme in deinem Tempo in die Gegenwart zurück.

In meiner bevorzugten Variante scanne ich – im Gegensatz zu der Methode von Kabat-Zinn – jedoch nicht von unten nach oben, sondern von oben nach unten, beginnend mit dem Scheitel und folge damit dem Vorschlag von Judith Stone in dem von ihr entwickelten Bodywalk[3]. Hierbei ist für mich der Atem nicht mehr wichtig, sondern ich suche mein Bewusstsein so zu verfeinern, dass ich mich – unabhängig vom Atem – überall hineintasten kann. Am besten prüfst du selbst, mit welcher Methode du besser zurecht kommst.

In der von mir weiter entwickelten Vorgehensweise nehme ich als Maßstab für den Bodywalk den „Glasbuddha", d.h. die Vision von innen her so leer zu sein und auch ohne Haut-Reflektion, dass andere durch dich hindurchsehen könnten. So wie in der Feldenkrais-Therapie der Boden als Maßstab genommen wird, dient „der Glasbuddha" als Maßstab für den Body Scan. Meine Erfahrung ist, dass der Body Scan sehr viel feiner und durchdringender justiert, wenn ich mir vorstelle, dass die Hintergrund-Natur meines wahren Wesens nicht ein fleischlicher Körper, sondern ein Glasbuddha ist. Sieh, wenn du magst auch von außen deinen Körper als durchsichtig an – ohne Prägung, nie geboren, nie gestorben, endlos, zeitlos.

- Besuche, wie ein Arzt bei seinem Hausbesuch einzelne Körperregionen. Da sie potenziell alle durchsichtig sind, kannst du genau wahrnehmen, wie es ihnen geht.

- Wenn du an eine Region kommst, die belastet ist, dann gehe in das Organ, die Region hinein. Wenn du beispielsweise stickige, müde, verbrauchte, heiße Energie in der Leber wahrnimmst, dann nimm dies nicht „von außen" wahr, sondern lass die Leber und die Energie, die damit zu

---

[3] Stone, Judith, Bodywalk

tun hat so groß werden, dass sie deine ganze Aura umfasst. Spüre die psychische Energie, die damit verbunden ist in voller Stärke.[4]

- Dann sage „ich verstehe und ich liebe dich" bzw. „es tut mir leid – bitte vergib mir – ich liebe dich – danke" zu dieser verbrauchten Energie und erlebe, wie sich dadurch die Atmosphäre reinigt. Dann reise weiter durch den Körper bis, im Idealfall, du den ganzen Körper von innen her als „Glasbuddha" wahrnimmst, durchsichtig wie Glas.

Natürlich kannst du die Glasbuddha-Technik als Therapeut bei deinen Klienten genau so anwenden wie bei dir selbst.[5]

---

[4] die Organreinigung ist vergleichbar mit dem, was Anwender erfahren, welche das „Organlächeln" nach Mantak Chia praktizieren; Buchempfehlung: Chia, Mantak, TAO Yoga Praxisbuch zur Erweckung der heilenden Urkraft Chi
[5] zur Unterstützung und Ergänzung empfehle ich dir die CD Glasbuddha von Günter Bayer, DeHypno-Verlag 2008

Body-Scan und Glasbuddha-Technik

Ho´oponopono und Mantras

Die Entdeckung von Wortfolgen ist nicht neu. Seit alters her gibt es Mantras und Gebetsformen, die, wenn wir sie wiederholen, uns Frieden und Segen schenken. In der christlichen Tradition sind uns als solche das „Vaterunser" und das „Ave Maria" (z. B. als Rosenkranz) bekannt, der Islam bekennt sich zum „Bismillah Er-Rachman Er-Rahim" („was immer ich tue, ich beginne es im Namen Gottes"), der Buddhismus kennt das „Om Mani Padme Hum" (das „Juwel im Lotus"), der Hinduismus bejaht „Om Naham Shivaja" („näher mein Gott zu dir"), der Chassidismus feiert die Niguns z. B. „Shabat Shalom" („heiliger Frieden") und die Parsen intonieren „Ahura Mazda" („weiser Herr"). Mutter Meera aus Balduinstein empfiehlt: *„Denke an Gott[6], versuche es immer wieder!"* Und eine Möglichkeit, diese Gedanken zu vertiefen, liegt in einer Wortfolge. Dein innerer Magnet lädt sich auf mit der Energie, an die du denkst und die Gedanken folgen dem. Alles was du dafür brauchst ist beharrliche Konzentration.

Zu Beginn der Arbeit mit Wortfolgen werden gerade, wenn du nicht erfahren bist, störende und ablenkende Gedanken auftauchen. Der beste Weg damit umzugehen ist, sie zu beobachten, sie zu etikettieren mit „Denken" und dann wieder auf deine Vertiefung zurückzukommen. Wenn wir nicht auf die Ablenkungen hereinfallen, sondern beispielsweise einen Minutenwecker stellen und fünfzehn Minuten durchhalten, werden wir nach regelmäßigem Üben – vergleichbar mit dem Autogenen Training – erleben, dass die Formeln, egal ob Mantras, Gebetsformeln oder die vier magischen Sätze von Ho-op in uns Kraft gewinnen.

Wir sind ständig umgeben von allen möglichen Gedanken, die uns umkreisen oder sogar einspinnen in eine Realität von „Gegebenheiten". Die praktizierte Wortfolge wirkt da wie ein Laserstrahl oder ein Schwert, das in der Lage ist, diese ständig aus dem Unbewussten aufsteigenden Gedankenketten zu durchschneiden. Wir erleben dieses Durchschneiden als ein tiefes Aufatmen, eine tiefe seelische Berührung, als ein Strömen von „göttlicher" Energie, oftmals auch als „göttlicher Honig", Soma, „Wein der Mystiker" beschrieben.

---

[6] Statt Gott kannst du natürlich auch den Namen der höchsten Energie nach deinem Verständnis einsetzen.

Eine Gebetsform, die in unserem Kulturkreis sehr beliebt ist, ist der Rosenkranz. Leider haben viele Menschen nicht gelernt, den Rosenkranz als ein Instrument zu nutzen, um spirituelle Erfahrungen damit zu machen. Allzu oft wird der Rosenkranz einfach heruntergebetet, ohne dass der Segen jedes einzelnen Wortes als Wirkung in unserem Zellsystem spürbar ist. Damit wir dies können, müssen wir lernen, in die Stille zu gehen und aus der Stille heraus zu fühlen und zu vollziehen, was wir mit der inneren oder äußeren Zunge herunterbeten.

Indem du heilige Wortfolgen ständig wiederholst und gleichzeitig beobachtest, was in dir aufsteigt, vereinen sich in dir der Beobachter und der Betende, der Buddha und der Christus, du wirst zu einem fühlenden Beobachter. Wenn du heilige Wortfolgen mit Hingabe anwendest und gleichzeitig beobachtest, dann erlebst du, dass die heiligen Wortfolgen so wirken wie ein Bohrer, der einen tiefen Brunnen gräbt. Die Sufis sagen: „Man muss erst hohl werden, um zu einem Schatz zu finden!"

„Mantras wirken wie ein rhythmischer Code oder ein Symbol für innere Erfahrungen und Bewusstseinszustände. Diese Erfahrungen und Zustände sind theoretisch für jeden in ähnlicher Weise erfahrbar, weil wir als Menschen kollektiv denselben Bedingungen und Gesetzen unterworfen sind. Sie werden jedoch stets von jedem einzelnen auf seine Weise durchschritten und stellen somit auch etwas persönliches dar. Niemand kann es uns abnehmen, innere Erkenntnisse zu gewinnen oder zu spirituellen Erfahrungen zu gelangen. Jeder muss sich selbst auf den Weg machen. Mantras erschließen sich somit nicht einfach über den Kopf; sie verlangen kein rein verstandesgesteuertes, intellektuelles Verstehen, Sie wollen auch gefühlsmäßig und seelisch erfasst werden ... Das Geschenk, das ein Mantra bietet, ist, Brücke zu sein, über die wir gehen können, um göttliche Seelenkräfte zu berühren, mit ihnen hier auf Erden zu verschmelzen und sie hier zu manifestieren."[7]

Wortfolgen dienen der Konzentration auf das Göttliche und können dir helfen, dich von der Okkupation durch mentale Unbewusstheit zu lösen. Durch Verlagerung der Aufmerksamkeit weg von den Urteilen, Rechthabereien, Begehrtem wie Unerwünschtem und hin zu dem Größeren, Umfassenderen verlagert sich auch etwas tief in dir. Du kommst stärker in Kontakt mit dem, was größer ist als dein „ich".

Das Vorurteil, dass die ständige Wiederholung einer Wortfolge dich von der Realität entfernen würde, ist ein Irrtum. Es stammt von Menschen, die den Weg des Mantras bzw. der Gebetsformel nie konsequent gegangen sind. Wenn du deine Wortfolge mit Inbrunst und Hingabe wiederholst und dein Mantra „praktizierst", wirst du erleben, dass du von einer „größeren" Energie erfasst wirst und dein klei-

---

[7] Stecher, Christine, Mantras. Die Sprache der Götter, Schirner Verlag, 2002

nes „ich" mit all seinen Problemen sich löst.

Aus meiner Sicht gibt es jedoch einen gewissen Unterschied zwischen den vier Wortfolgen von Ho´oponopono und einem gleichermaßen wertvollen und wichtigen Mantra.

Während die traditionellen Mantras Keimsilben der Urschöpfung darstellen bzw. die Urschöpfung direkt anrufen, handelt es sich bei den vier einfachen Wortfolgen um Sätze, welche sich vorrangig darauf konzentrieren (mit Hilfe der göttlichen Kräfte), im „Jetzt" belastende Kreationen und Einstellungen zu transformieren. Viele Menschen verwenden ein Mantra ihrer Wahl bevor sie Ho-op machen, um sich zuvor auf das Göttliche einzustimmen. Andere machen erst Ho´oponopono, damit der innere Weg für das Mantra frei ist. Beide Möglichkeiten werden als hilfreich erlebt.

Die Anwendung eines Mantras und die vier Wortfolgen von Ho-op stehen in Beziehung zueinander und ergänzen sich sinnvoll. Sie sind wie zwei verschiedene Funktionen eines Ofens, zum Beispiel „heizen und kochen" – sie werden beide gebraucht.

Die Legende erzählt, dass es spirituelle Zeitalter gibt, die alle paar tausend Jahre wechseln und dass in jedem Zeitalter eine besondere Qualität auf diesem Planeten verankert werden soll. Die Qualität, die vor 2.000 Jahren durch Jesus auf die Erde kam, war, so sagt man, die der „bedingungslosen Liebe". Heute im Zeitalter des Wassermanns ist, so die Legende, die zu verankernde Qualität die des „universellen Mitgefühls".

Seit Jahrtausenden anerbieten die traditionellen Religionen, Frieden und Unterstützung durch den „Himmel", also von „dort oben". Wir können dankbar sein, dass wir als Menschheit himmlische Hilfe bekommen können. Doch die Erde befindet sich in einem Wandel. Wir sind dabei, den Himmel auf die Erde zu bringen. Hierbei hilft eine Wortfolge, wie sie in Ho´oponopono beschrieben wird. Wer bereits mit Mantras oder Gebetsformeln arbeitet, wird sich besonders leicht mit Ho´oponopono tun. Er erlebt Ho´oponopono und sein bisheriges Mantra wie zwei Flügel, die ihm gemeinsam beim Fliegen helfen.

Unabhängig davon, dass es für uns nach wie vor die Zugänge zu den „höheren Himmeln" gibt, die mittels Gebetsformeln und heiliger Mantras offen stehen, gehört es heute zu unserer „Aufgabe als Mensch", Träger dieses universellen Mitgefühls zu sein. Und hier eignen sich die vier Formeln von Ho-op besonders, da sie sich direkt auf unser Alltagsleben beziehen.

Bei der Anwendung von Wortfolgen ist es wichtig, immer wieder in die Stille, die reine Beobachtung zu gehen, um dich so darin zu trainieren, deine eigenen Wahrnehmungen mit Abstand zu betrachten. Das „in die Stille gehen" ist bei beiden Methoden Dreh- und Angelpunkt, denn es geht nicht darum, die Wortfolgen vor sich her zu plappern. Wortfolgen, egal ob Mantras oder die von Ho-op sind wie Flügel eines Vogels: Sie helfen, um dein Bewusstsein zu erheben. Bei der nachfolgenden Methode kombinierst du ein klassisches Mantra mit Ho-op:

Übung: Stelle dir einen Minutenwecker auf z. B. 15 Minuten. Und dann beginne einfach, den Namen einer „göttlichen" Qualität, zum Beispiel „Mitgefühl" zu wiederholen und beobachte, wo dies dich hinführt, welche Bilder, Gefühle, Erinnerungen aufsteigen. Erlaube dieser Qualität, sich tief in dein Unbewusstes hineinzubohren, als wenn du einen tiefen Brunnen zu deiner Quelle bohrst. Danach beobachte fünfzehn Minuten lang deinen Atem und alles, was an Gefühlen oder Gedanken aufsteigt, ohne dich mit dem Gegenstand der Beobachtung zu identifizieren. Dann komme wieder zurück ins „hier und jetzt".

Das Gayatri-Mantra

Das Gayatri ist eines der ältesten Mantren der Welt. Es lautet:

In Sanskrit	In Deutsch
om bhūr bhuva svaha tát savitúr váren̦yam bhárgo devásya dhīmahi dhíyo yó na pracodáyāt	Om, wir meditieren über den Glanz des verehrungswürdigen Göttlichen, den Urgrund der drei Welten, Erde, Luftraum und himmlische Regionen. Möge das Höchste Göttliche uns erleuchten, auf dass wir die höchste Wahrheit erkennen

Die Art und Weise, wie sich das Gayatri mit Ho-op kombinieren lässt, entdeckte ich beim Autofahren. Ich fahre jeden Tag morgens und abends die Strecke

Ho´oponopono und Mantras

von Inning nach Seefeld und zurück – je 8 km Strecke, ca. 15Minuten Fahrzeit. Beim Autofahren höre ich normalerweise spirituelle Vorträge auf MP3. Bei einem Vortrag kam der Redner auf der MP3 darauf zu sprechen, wie wichtig es ist, ein Segen für ANDERE zu sein. Statt weiter CD´s zu hören, ließ ich den CD-Spieler aus und sang stattdessen, während ich weiterfuhr, ein dreifaches Gayatri. Während ich weiter sang, kam mir die Idee, das Gayatri mit speziellen Segnungen zu verbinden. Also begann ich während der Fahrt ein dreifaches Gayatri für jede einzelne Person zu singen, die mir in den Sinn kam. Ich entschied mich, beim Singen segensreich an Personen zu denken, die ich liebe. Ich begann zuerst bei mir selbst, dann mit Schwierigkeiten im persönlichen Umfeld, die ich wegzusingen trachtete und fuhr dann damit fort, indem ich beim Weitersingen an die Personen dachte, die mir gerade am nächsten standen.

Dann entdeckte ich, wie sich das Gayatri zusammen mit Ho-op verbinden lässt. Während ich dies tat und weiter fuhr, stellte ich mir die Person vor, für die ich sang und versuchte mit ihr in telepathischen Kontakt zu treten. Ich fühlte hin, ob sich "Störschwingungen" (Gedanken, Emotionen, Überzeugungen) meldeten, welche den telepathischen Kontakt benebelten. Wann immer dies der Fall war, machte ich Ho-op mit den Störschwingungen ("es tut mir leid und ich liebe dich") während ich weitersang, bis die Störschwingungen verschwunden waren und der Sonnenklang frei durchtönte. Während dieser Übung entdeckte ich, dass ich konzentrierter und wacher Auto fuhr als sonst – ein weiterer Vorteil. Ich fühlte mich nach der Fahrt dermaßen aufgeladen, dass ich mich entschieden habe, auch zukünftig immer wieder mal beim Autofahren das Gayatri zu singen und zugleich Ho-op zu machen. Übrigens können wir dies auch im Stau oder bei roten Ampeln tun – beispielsweise für den Nachbarn, der uns gerade den Vogel zeigt – der Anwendung sind keine Grenzen gesetzt.

Wenn wir mit einem Mantra unserer Wahl meditieren und wir spüren, dass uns Störschwingungen davon abhalten, die volle Kraft des Mantras aufzunehmen, können wir mit den Störschwingungen ebenfalls Ho-op machen und die vier Formeln statt dem Mantra denken, solange, bis wir für das Mantra wieder empfänglich geworden sind.

*Wenn wir meditieren, bitten wir Gott, uns zu erleuchten.
Dies ist der höchste Schatz, den wir finden können.
Alles worum wir beten, ein neues Haus, ein neues Auto,
eine Beförderung im Beruf
sind Dinge dieser Welt und daher vergänglich.
Wir müssen sie zum Zeitpunkt unseres Todes zurücklassen.
Wenn wir aber Erleuchtung erlangen können,
wenn wir erkennen können, wer wir wirklich sind,
dann wird uns dieser Gewinn für immer bleiben.
Meditation ist daher die höchste Form des Gebets
in der Meditation hören wir Gott zu.
(Sant Rajinder Singh)*

Pono und das TAO

Pono ist in Hawaii u. a. der Ausdruck der göttlichen Ordnung. Bei den Chinesen lautet der Ausdruck göttlicher Ordnung TAO. Das TAO bzw. die Gesetzmäßigkeit des TAO bzw. von Pono bewegt Planeten und Sonnen und lässt Pflanzen und Tiere wachsen. Pono ist Ausdruck des Gesetzes der Jahreszeiten, des Kommens und Gehens in allen Welten. Wenn du dieses Weltengesetz als Referenz nimmst und dich darauf beziehst, dann erlebst du, dass es für jede Lebenssituation jeweils eine „stimmige" Haltung gibt, welche mächtiger ist als jedes Einzelinteresse.

Pono ist weder moralisch noch amoralisch. Es steht als Bezugspunkt jenseits der Polarität von „gut" und „böse". Rumi drückt dies mit den folgenden Worten aus: „Jenseits von Gut und Böse, da sehen wir uns wieder!"

Deine *Wirksamkeit* erlebst du, wenn du in deinem Inneren nach *Stimmigkeit* suchst und diese ausdrückst. Du entdeckst dann deine stimmige innere Haltung, die dir Halt gibt. Und du entwickelst dich immer mehr zu einem fein abgestimmten Instrument, das nicht Gedanken, Meinungen, Vorstellungen, Emotionen, Erwartungen, Projektionen oder Vergangenheitsmuster zum Maßstab nimmt, sondern darauf ausgerichtet ist, so gut es geht, *Pono*, das Stimmige, widerzuspiegeln. In der Stimmigkeit hast du stets „das Ganze" auf deiner Seite. Als unterstützend für die Wahrnehmung von Stimmigkeit erweist sich deine Intuition.

Die Intuition verbessern durch Ho´oponopono

Nachfolgend eine einfache Übung, um dich in Kontakt mit deiner Intuition zu bringen. Du kannst diese Methode wahlweise beim Spazierengehen oder im eigenen Zimmer machen:

1. Mache dir ein Zeichen mit der rechten Hand für „sehen" (z. B. Daumen und Zeigefinger zusammen legen). Dann konzentriere dich einige Minuten nur darauf zu SEHEN. Sieh Farbunterschiede, Schattierungen von allem, was du erblickst. Hören und Fühlen sind völlig gleichgültig.

2. Mache dir ein Zeichen mit der rechten Hand für „hören" (z. B. Daumen und Mittelfinger zusammen legen). Dann konzentriere dich einige Minuten nur darauf zu HÖREN. Höre den Wind rauschen, die Vögel im Hintergrund, Schritte auf der Straße. Höre um die Ecke, höre räumlich in allen Nuancen. Sehen und Fühlen sind völlig gleichgültig.

3. Mache dir ein Zeichen mit der rechten Hand für „fühlen" (z. B. Daumen und Ringfinger zusammen legen). Dann konzentriere dich einige Minuten nur darauf zu FÜHLEN. Fühle den Stoff deiner Kleidung auf der Haut, fühle wie deine Füße den Boden berühren, fühle wie die Luft an deiner Kleidung entlang streicht. Sehen und Hören sind völlig gleichgültig.

4. Nun setze dich irgendwo hin und mache dir ein Zeichen mit der linken Hand für „innerlich fühlen" (z. B. Daumen und Zeigefinger zusammen legen). Dann konzentriere dich einige Minuten nur darauf innerlich zu FÜHLEN. Fühle deine Empfindungen im Körper, ob irgend ein Organ drückt, wo die Energien im Körper frei fließen – wenn Emotionen da sind, dann fühle auch diese. Nimm deinen „Empfindungsprozessor" wahr, den Prozess des Empfindens. Die äußeren Sinne sind völlig gleichgültig.

5. Nun mache dir ein Zeichen mit der linken Hand für „denken" (z. B. Daumen und Mittelfinger zusammen legen). Dann konzentriere dich einige Minuten nur auf den Gedankenstrom. Du identifizierst dich je-

Die Intuition verbessern durch Ho´oponopono

doch nicht mit deinem Denken, du nimmst es einfach wahr. Du nimmst diesen geistigen Prozessor wahr, wie er arbeitet, ohne einzugreifen, bist reiner Beobachter. Wenn Einzelgedanken auftauchen, dann benenne sie mit „Gedanke" und konzentriere dich weiter auf den Gedankenprozessor. Die äußeren Sinne und die inneren Empfindungen sind völlig gleichgültig.

6. Nun mache dir ein Zeichen in der linken Hand für „Wahrnehmen/Hellsehen/Intuition" (z. B. Daumen und Ringfinger zusammen legen). Dann konzentriere dich einige Minuten nur darauf, Pono wahrzunehmen, die Stimmigkeit. D. h. du identifizierst dich nicht mit Denken, Fühlen, Emotionen, sondern nur mit Pono. Die äußeren Sinne, die inneren Empfindungen und der Gedankenprozessor sind völlig gleichgültig. Konzentriere dich auf die reine Wahrnehmung und sei offen für eine besondere Frequenz, die sich Intuition nennt. Es ist wie das Finden eines bislang unentdeckten Muskels (wie z. B. des PC-Muskels), das Betreten eines bisher unbetretenen Raumes (wie durch eine Geheimtür in deiner Wohnung). Wann immer gegen die Wahrnehmung Widerstände auftauchen, sage zu diesen Widerständen „es tut mir leid, bitte vergib mir, ich liebe dich – danke!" Nimm wahr, wie deine Intuition immer klarer wird.

Dein grundlegendes Gutsein - Metta-Meditation und Gayatri

Vor vielen Jahren war ich bei einem Konzert, das zu Ehren von Sri Chinmoy gegeben wurde. In einem Korb gab es Zettel mit Lebensweisheiten des Meisters. Ich entschied mich, einen Zettel aus dem Korb zu ziehen als Antwort auf die Frage nach meiner „Mission". Ich griff ohne hinzuschauen in den Korb, zog einen Zettel heraus und las: *„Sei voller Zuneigung und Mitgefühl. Denn verggiss nicht: Gleich dir kämpft jeder Mensch verzweifelt auf dem Schlachtfeld des Lebens gegen dunkelste Unwissenheit. Sri Chinmoy."* Ich war damals von dem Zettel tief berührt und habe ihn noch heute.

Wenn du ganz bei dir selbst ankommst, in der Tiefe deines Herzens, dann erfährst du dein „grundlegendes Gutsein und eine grundlegende Güte gegenüber allen lebenden Wesen" als deine Herzensheimat, in der du wohnen und aus der heraus du handeln kannst, ohne deshalb überheblich sein zu müssen. Das grundlegende Gutsein zu erfahren, ist eine Einweihung, die dir vom Göttlichen gegeben wird, zugleich ein „innerer Ort", den du in dir besuchen, aus dem heraus du leben kannst.

Grundlegendes Gutsein ist nichts, was wir uns überstülpen, auch kein Thema der Moral, sondern etwas, das wir schrittweise als unser wahres Wesen erfahren, indem wir Ideologien loslassen, indem wir es aufgeben, wie Don Quijote gegen Windmühlen zu kämpfen, indem wir beginnen, uns selbst, die anderen und das Leben zu akzeptieren, wie wir sind.

„Grundlegendes Gutsein" zu leben bedeutet, unabhängig von eigenen oder fremden Meinungen, Dogmen, Ängsten, Begrenzungen stimmig zu leben. Grundlegendes Gutsein bedeutet, das Göttliche zu bitten, durch dich zu denken und nicht mehr das ängstliche, vorstellungsbehaftete „operierende Ego" regieren zu lassen. Der Buddhismus kennt in dem Zusammenhang die Metta-Meditation, Das Wort Mettta ist Pali und bedeutet auf deutsch „liebende Güte". Die Metta-Meditation ist eine hervorragende Möglichkeit, sich dem grundlegenden Gutsein zu öffnen und in Verbindung mit Ho´oponopono in der Lage, problemlos *jede* Form von Beziehungen zu heilen. Hierfür begibst du dich in Meditationshaltung und wiederholst das nachfolgend beschriebene Gebet:

Dein grundlegendes Gutsein – Metta-Meditation und Gayatri

Wiederhole (mindestens dreimal, dabei innerlich vollziehen): *„Möge ich friedvoll, glücklich und gelöst sein in Körper und Geist. Möge ich frei sein von Verletzung und Kränkung. Möge ich frei sein von Wut, Verstrickung, Furcht und Ängstlichkeit. - Möge ich lernen, mich selbst mit den Augen der Liebe und des Verstehens zu betrachten. Möge ich fähig sein, die Samen der Freude und des Glücks in mir zu erkennen und zu berühren. - Möge ich lernen, die Quellen von Ärger, Verlangen und Täuschung in mir festzustellen und zu erkennen. Möge ich erfahren, wie ich die Samen der Freude täglich in mir nähren kann. Möge ich fähig sein, frisch, gefestigt und frei zu leben. Möge ich frei sein von Anhaftung und Ablehnung, aber nicht gleichgültig."* Kommen Störgefühle hoch, atme ruhig weiter, akzeptiere diese Gefühle, mache mit ihnen Ho-op und kehre zu den Sätzen zurück.

1. Wenn du spürst, dass du selbst mit Metta erfüllt bist, richte zuerst Metta auf ein Lebewesen, das dir *Gutes* getan hat, für das du Dankbarkeit, Liebe und Wertschätzung empfindest. Bete (mindestens dreimal, dabei innerlich vollziehen und bei Störgefühlen Ho-op anwenden): *„Mögest du friedvoll, glücklich und gelöst sein ..."* bzw. *„Möge ... (Name des Betreffenden) friedvoll, glücklich und gelöst sein ..."*

2. Wenn du spürst, dass Metta zu dieser „positiv besetzten" Person geflossen ist, richte Metta nun auf ein Lebewesen, mit dem dich weder Abneigung noch Zuneigung verbindet, das aber in deinem Umfeld ist, mit dem du irgendwie (geistig) zu tun hast, einem „Neutralen". Bete (bei Störgefühlen Ho-op machen): *„Mögest du friedvoll, glücklich ..."*

3. Wenn du spürst, dass dein Metta auch den „Neutralen" erreicht hat, sende Metta zu jemand für dich „negativ besetzten", gegen den du (momentan) Abneigung, Blockierung, Widerstand, Urteil oder Bewertung verspürst oder der dich verletzt, gedemütigt, gemaßregelt, reglementiert oder unsanft behandelt hat; dies kann auch ein Bettler auf der Straße sein, jemand vor dem du dich ekelst oder gegen dessen Eigenschaften du aus irgendeinem Grund

Dein grundlegendes Gutsein – Metta-Meditation und Gayatri

Vorbehalte hast. Du kannst an dieser Stelle Metta auch auf einen ungeliebten Aspekt eines Menschen richten, den du eigentlich magst, z. B. auf seine Unehrlichkeit, seine Alkoholabhängigkeit, seine Grobheit, sein Nichtverstehen deiner Befindlichkeit, seine geistige Enge o. ä. Bete (mindestens dreimal, dabei innerlich vollziehen und bei Störgefühlen H-op machen): *„Mögest du friedvoll…"*

Metta-Meditation bei Schmerz, Krankheit und Leiden (nach Vidyamala Burch[8]):

Die nachfolgende Variante der Metta-Meditation[9] hat sich insbesondere dann als besonders wertvoll erwiesen, wenn wir körperlichen oder seelischen Schmerz erleiden, aber auch dann, wenn wir angesichts von äußerem Stress drohen zu verhärten. Die Zuordnung der Menschen zu den u. a. Kategorien kann wechseln. Es geht nicht darum, den anderen mit der Übung ändern zu wollen. Letztendlich hilft diese Übung auch dir selbst, zu dem Freund, dem Neutralen und dem „Feind" in dir eine gute Einstellung zu gewinnen.

1. Deiner ganzen Erfahrung in dir selbst liebevoll begegnen: Betrachte deinen Atem voller Wärme und Güte und stelle dir vor, wie sein Ein-und Ausströmen den Körper beruhigt. Nun richte dein Gewahrsein auf die unangenehmen Aspekte deines gegenwärtigen Lebens. Rutsche damit aber nicht in den Verstand, sondern frage dich, wo du die Folgen deiner Erfahrungen in deinem Körper spürst. Werde dir vorsichtig deiner Schmerzen und deines Leidens im Körper gewahr und achten auf deren Körperecho (z. B Verspannungen, PH-Wert der Haut, innere Chemie). Atme in das unangenehme Körperecho hinein ein Gefühl von Weichheit und lasse deinen Widerstand beim Ausatmen los. Nun konzentriere dich auf die angenehmen Aspekte deines gegenwärtigen Lebens und spüre auch dort dein Körperecho. Genießen Sie den Vorgang des Atmens. Werden Sie nun zu einem größeren Gefäß. Atme ein im Gewahrsein der Erfahrung. Erfülle die eigene Erfahrung beim Ausatmen mit Liebe erfüllen, so dass sie den ganzen Körper durchdringt. Sage zu dir selbst: „Ich verstehe und ich liebe dich!" Fühle den tiefen Wahrheitsgehalt dieser Aussage.

---

[8] Burch. Vidyamala, gut leben trotz Schmerz und Krankheit, Goldmann Verlag, 2009
[9] Zusammenfassung aus dem o. a. Buch

Dein grundlegendes Gutsein – Metta-Meditation und Gayatri

2. An einen guten Freund denken: Sieh das Bild eines geliebten Freundes vor dir und denke an das Gute, das du ihm zu verdanken hast. Verinnerliche, dass auch diese Person in jedem Augenblick das Problem hat, sich gegen Schmerz zu sträuben und an Vergnügen festhalten zu wollen. Werden dir beim Einatmen seiner Menschlichkeit bewusst und lasse beim Ausatmen zu ihm Liebe strömen und wünsche ihm alles Gute. Alles, was du gern hättest, wünschst du deinem Freund. Atme dein gewahr Sein dieses Freundes ein und sende ihm bei ausatmen deine ganze Liebe. Sage zu dir selbst: „Ich verstehe und ich liebe dich!" Fühle den tiefen Wahrheitsgehalt dieser Aussage.

3. An eine neutrale Person denken: Denke an jemanden, für den du weder Zuneigung noch Abneigung empfindest. Dieser Mensch ist Fokusperson für die Masse der Menschen. Bei solchen Menschen besteht die Gefahr, dass wir sie eher wie leblose Gegenstände statt als Menschen aus Fleisch und Blut ansehen. Mache dir bewusst. dass dieser Neutrale ein Mensch ist mit all der Freude und dem Schmerz, den Hoffnungen und Ängsten des Menschseins, dass er atmet, genau wie du. Werde dir beim Einatmen dieser neutralen Person und ihrer Menschlichkeit gewahr und sende ihr beim Ausatmen all deine Liebe, dein Interesse und deine guten Wünsche. Sage zu dir selbst: „Ich verstehe und ich liebe dich!" Fühle den tiefen Wahrheitsgehalt dieser Aussage.

4. An einen Menschen denken, mit dem du Schwierigkeiten hast: Übe anfangs mit einer Person, mit der nur leichte Schwierigkeiten bestehen, so dass du nicht überwältigt wirst. Mache dir bewusst: Ihr beide geht unangenehmem aus dem Weg, halten an angenehmem fest; ihr beide atmet. Denke beim Einatmen an den Betreffenden und schicke ihm beim Ausatmen deine Liebe und deine guten Wünsche. Sage zu dir selbst: „Ich verstehe und ich liebe dich!" Fühle den tiefen Wahrheitsgehalt dieser Aussage.

5. Der Kreis: Rufe dir die vier Personen in der letzten Übungsphase ins Gedächtnis und stelle dir vor, ihr säßet im Kreis zusammen. Erinnere dich daran, dass jeder der vier seinen Körper beatmet und dieselbe Mischung aus Schmerz und Freude empfindet wie du, ganz gleich, wie alt er ist, wie gesund er ist und wie viel Geld er hat. Vergegenwärtige dir die Gemeinsamkeit, Vergnügen zu suchen und Leid zu fliehen, was euch im Menschsein miteinander verbindet. Tränke deinen Atem mit liebevollem

Gewahrsein, während du den Kreis des Lebens in deiner Vorstellung immer weiter ausdehnst. Vielleicht spürst du, wie die ganze Welt atmet und wie Meereswellen steigt und fällt. Die Isolation verliert ihren Stachel. Du läßt los, spürst deine Verbundenheit mit dem Leben und ruhst still im liebevollen Atem.

Indem du langsam deine Grenzen in Richtung derjenigen Menschen öffnest, mit denen du Schwierigkeiten hast, wird deine Liebe allmählich zu grenzenloser, bedingungsloser, wandelnder Liebe. Wenn du Metta auf einen *Aspekt* eines anderen Menschen richtest, dann ist es wichtig, dass du den Aspekt des anderen nicht verurteilst, es geht auch nicht darum, ihn zu ändern. Letztendlich machst du Metta in Verbindung mit Ho-op stets mit dem, was *dich* an dem Aspekt des anderen stört.

Wir sollten erst einmal »uns selbst« leben und transzendieren. Dann, wenn wir den höchsten Punkt der Entwicklung erreicht haben, zu der das Einzelbewusstsein in der Lage ist, können wir nur noch dann weiterwachsen, indem wir *anderen* weiterhelfen. So wie eine Flamme, die sich selbst verzehrt, weiteres Holz braucht, um stärker zu werden, so brauchen auch wir weiteres Brennmaterial für unser Wachstum, das darin liegt, anderen weiterzuhelfen, zu erwachen und universelles Bewusstsein zu erreichen.

Sie brauchen dich! Glaub mir, sie brauchen dich, die Menschen,
die mit dir gehn, sie brauchen dein Gutsein und dein Verstehn,
deinen blanken, geraden Sinn, der sich freimacht vom raschen Gericht und
Treue hält ungeachtet der Welt. Sie brauchen die Reinheit
in deiner Gestalt und deines Wortes Klarheit und das,
was ihnen am meisten gebricht: Dein Wissen um das ewige Licht!
(Autor: unbekannt)

Dein grundlegendes Gutsein – Metta-Meditation und Gayatri

Liebesaffären zwischen Problem und Lösung

Wenn du jemanden suchst, der keine Probleme mehr hat, dann gehe auf einen Friedhof! Solange du lebst, wird es auf einer gewissen Ebene immer Probleme geben. Die „problemlose" Welt, die uns von den Medien vorgegaukelt wird, ist genau das Problem der Postmoderne. Probleme zu ehren bedeutet nicht, dass wir nicht feiern dürfen – aber mit der gleichen Leidenschaft, mit der wir das Leben feiern, sollten wir auch die Probleme ehren. Die Vorsilbe „pro" besagt ja bereits, dass es sich um etwas handelt, das FÜR uns ist – ansonsten hieße das Ganze ja Contra-Blem.

Probleme sind Geschenke, die wir uns selber machen und sollten auch als solche lieb gehabt werden. Es geht nicht darum, *wie viele* Probleme wir haben, sondern darum, *wie liebevoll* wir mit ihnen umgehen.

In Wahrheit bestehen „Liebesaffären zwischen Problem und Lösung"[10]. Wir kreieren uns die Probleme, weil wir die Geschenke brauchen. Dies gilt auch für Krankheit, Leid und Ohnmacht. In der Ohnmacht liegt das größte Potenzial verborgen. Viele Menschen fliehen dem Empfinden von Ohnmacht, halten an ihren Masken und ihrem Machbarkeitswahn fest und betrügen sich dadurch um die reichen Geschenke, die aus einer Selbsthingabe erwachsen, welche frei von Selbstmitleid ist.

Ein sehr schönes Beispiel dafür bietet die wahre Geschichte von dem verunglückten Radrennfahrer Marc, als Kinofilm nacherzählt unter dem Titel „Phantomschmerz" (mit Til Schweiger in der Hauptrolle): Zu Beginn des Filmes tritt Marc noch als langhaariger, ungepflegter, abgehobener Frauenschwarm auf, der sich weigert, die Verantwortung für den Unterhalt seiner getrennt lebenden Ehefrau und für seine bei seiner Ehefrau lebenden zehnjährigen Tochter zu übernehmen. Nach einem Unfall, bei dem er ein Bein verliert, schenkt ihm seine Freundin einen Füllfederhalter mit der Anregung, über sein Leben zu schreiben. Mit den Worten "das letzte Mal, dass ich einen Stift angefasst habe, war vor fünf Jahren", schleudert der Hauptdarsteller den Federhalter in die Ecke.

---

[10] Dies ist der Titel eines sehr empfehlenswerten Buches, das diesen Zusammenhang einleuchtend beschreibt. Quelle: Schmidt, Gunther, Liebesaffären zwischen Problem und Lösung, Carl-Auer Verlag

Liebesaffären zwischen Problem und Lösung

Marc fällt noch tiefer und ergeht sich in Alkohol und Selbstmitleid. Erst als er, alkoholisiert an einer Bushaltestelle herumhängend von der Lehrerin seiner Tochter erfährt, dass seine Tochter mit ihren Gedichten den ersten Preis der Schule gewonnen hat und die Lehrerin ihm das Schreibheft seiner Tochter überlässt, geschieht die entscheidende Wandlung. Im Bus liest Marc das Gedichtheftchen seiner Tochter und beginnt dabei zu weinen. Er geht nach Hause und beginnt über sein Leben zu schreiben und innerlich wie äußerlich aufzuräumen. Er schreibt endlos viele autobiographische Briefe an die Freundin, die ihm den Füllfederhalter geschenkt hatte. Im letzten Brief traut er sich ihr zu schreiben "ich liebe dich". Marc lässt sich die Haare kurz schneiden, beginnt sich zu pflegen, verkauft sein Auto und gibt den Verkaufserlös seiner Exfrau, geht zu seiner Tochter, die ja bei seiner Exfrau lebt, steht vor ihr strahlend und sagt zu ihr: "Ich war lange weg, aber jetzt bin ich da für dich!" – Ein harter Weg für Marc und doch bestand zwischen seinem Symptom und seiner Er-Lösung die ganze Zeit eine (unbekannte) Liebesaffäre. Mittels Ho´oponopono lässt sich diese Liebesaffäre möglicherweise auf sanftere Weise erreichen, denn es geht bei Ho´oponopono letztendlich um nichts anderes, als den liebevollen Umgang mit sich selbst.

> Haben wir uns einmal gefragt, warum wir immer wieder Situationen kreieren, die äußerst unangenehm für uns sind und in denen wir überhaupt nicht das bekommen, was wir (als kleines „ich") uns erträumen? Haben wir uns einmal gefragt, warum wir immer wieder Situationen kreieren, die nicht sehr angenehm für uns sind?

Damit wir nicht im Zustand der Arroganz verbleiben, sondern innerlich weich werden, uns auf Liebe und Mitgefühl einlassen, damit wir Ho´oponopono einsetzen – so, wie es Jesus, Buddha und andere vor uns getan haben. Wir kreieren die Probleme, solange wir sie brauchen, weil wir Buddhas bzw. Gralsritter werden wollen. Im Wechselspiel von Licht und Schatten, Sturm und Sonnenschein, von dem, was wir haben wollen und dem, was wir überhaupt nicht mögen, reift still und unbemerkt der Buddha/der Gralsritter in uns heran, reift unsere Liebe für das Ganze in uns heran, eine Liebe, die größer ist, als die durch Sturm beutelbare Liebe des „kleinen Ichs" – darum kreieren wir Angenehmes und Unangenehmes. Das „letzte Lächeln" ist das Lächeln des Buddhas in uns, die Auferstehung Jesu ist die Auferstehung *in uns*.

Ho oponopono bei Schmerz, Krankheit und Leid

Euer Schmerz ist das Zerbrechen der Schale, die euer Verstehen umschließt
Wie der Kern der Frucht zerbrechen muss, damit sein Herz
die Sonne erblicken kann, so müsst auch ihr den Schmerz erleben.
Und könntet ihr in eurem Herzen das Staunen
über die täglichen Dinge des Lebens bewahren,
würde euch der Schmerz nicht weniger wundersam scheinen als die Freude
Vieles von eurem Schmerz ist selbst gewählt.
Er ist der bittere Trank, mit dem der Arzt in euch
das kranke Ich heilt. Daher traut dem Arzt
und trinkt seine Arzneien schweigend und still.
Denn seine Hand, obwohl schwer und hart,
wird von der zarten Hand des Unsichtbaren gelenkt.
Und der Becher, den er bringt, ist,
obwohl er eure Lippen verbrennt, geformt aus dem Ton,
den der Töpfer mit seinen heiligen Tränen benetzt hat.
(Khalil Gibran, Der Prophet)

Ho oponopono bei Schmerz, Krankheit und Leid

Schmerz ist eine unangenehme, sinnliche und emotionale Erfahrung, die mit tatsächlichen oder möglichen Gewebeschäden einhergeht oder sich im Sinne einer solchen Schädigung beschreiben lässt[11].

Der Schmerz ist eine universelle Erfahrung, die uns alle miteinander verbindet. Jedes menschliche Lebewesen kennt den Schmerz und trägt in sich den Wunsch, Leiden zu beenden und glücklich zu sein. Der Schmerz ist Bestandteil des Lebens. Quälender als seine Erfahrung ist unsere mangelnde Akzeptanz, unsere mangelnde Bereitschaft, ihn zu fühlen und einfach da sein zu lassen („es tut mir leid").

---

[11] IASP International Asssociation for the Study of Pain (Internationale Gesellschaft zum Studium des Schmerzes), Classification of Chronis Pain, Pain, Ergänzungsband 1986, S. 53

Wie sehr wir in der Lage sind Schmerz zu ertragen ist offenbar nicht so sehr eine Frage der äußeren Umstände, sondern der Bewusstheit. Wie wir mittlerweile wissen, hängt das Ausmaß, in dem wir Schmerz empfinden von sogenannten ‚Schmerztoren' ab, die wir mit Hilfe der Achtsamkeitspraxis öffnen oder auch schließen können. Setzt man zwei verschiedene Personen den gleichen schmerzhaften Reiz aus, während man sie im Computertomografen beobachtet, kann sich ihre Gehirnaktivität erheblich unterscheiden[12].

An meine ersten Erfahrungen mit dem Schmerz kann ich mich nur schemenhaft erinnern: Eine Geburt, bei der ich fast erstickt wäre, mehrere Operationen wegen meiner Lippenspalte (eine fast unmittelbar nach meiner Geburt), die üblichen Kinderkrankheiten und Krankenhausaufenthalte als Kind wegen Mandel-, und Blinddarmoperationen. Im Schmerz erschien es mir stets, als wenn die Zeit überhaupt nicht weiterrückt und genau so schlimm, wie das steckenbleiben in der Zeit war für mich der Augenblick, zu dem ich alleine war. Besonders schlimm war der Augenblick der Verabschiedung meiner Mutter, nachdem sie mich im Krankenhaus besucht hatte. Aus eigener Erfahrung weiß ich, wie gut Besuch tut, wenn man in Krankheit und Schmerz gefangen ist. Es erschien mir, als würde durch den Besucher etwas Himmlisches ein kleines Loch in die einen umgebende Schmerzhülle reißen und frischer Odem in mich einströmen.

Meine erste Erfahrung von bewusstem Umgang mit dem Schmerz machte ich im Jahr 1985 nach einem schweren Skiunfall in St. Moritz. Jeder Schritt, jede Bewegung schmerzte unendlich. Ich entschied mich jedoch, die letzten Tage meines Urlaubs nicht im Krankenhaus, sondern zusammen mit meiner damaligen Freundin Jutta in meinem Doppelzimmer im Club Mediterranee zu verbringen und auch keine Schmerzmittel zu nehmen. Da ich die Gesellschaft meiner Mitskifahrer liebte, ließ ich mir das Essen auch nicht aufs Zimmer bringen, sondern entschied mich, zu Fuss in den Speisesaal zu gehen. Ich entdeckte dabei, dass jede schnelle oder hektische Bewegung mit sehr viel Schmerzen verbunden war. Wenn ich mich jedoch im Zeitlupentempo bewegte, so langsam, dass man die Bewegung fast nicht sah, war ich relativ schmerzfrei. Dieses sich extrem langsame und bewusste bewegen hatte ich vor Jahren bereits bei einem Seminar von ARICA auf dem Heißenhof in Inzell gelernt und konnte es jetzt gut anwenden. Ich setzte also den einen Fuss vor den anderen

---

[12] Wall. Patrick, The Challange of Pain, Penguin Books, 1982, S. 78

und vollzog dabei jeden Millimeter der Bewegung ganz bewusst, während meine Skikameraden an mir vorbeirasten. Für den Weg von meinem Zimmer im 1. OG über die Treppe in den Speisesaal brauchte ich über 30 Minuten. Je mehr ich in dieses langsame sich bewegen vertieft war, umso mehr ging der Schmerz zurück. Und dann irgendwann geschah etwas merkwürdiges: Der Schmerz wandelte sich in Entzücken: Ich sah, wie die untergehende Abendsonne ihre glutroten Strahlen auf die alten Kristallleuchter im Flur des Hotels warf und diese das Licht tausendfach widerspiegelten. So eine Schönheit war mir zuvor nie aufgefallen. Ich hörte das anschwellen und abebben der Geräusche um mich herum und erlebte diese wie Energiewellen, die meinen Körper massierten. Ich genoss das Kommen und Gehen von Düften. Und ich ließ mir beim Essen – einmal auf den Geschmack gekommen – unendlich viel Zeit. Was für ein wunderbares Gefühl zu erleben, wie der Geschmack köstlicher Nahrung von dem Speichel aufgenommen wird und im Mund zerfließt. Der Schmerz, der mich zur Bewusstheit zwang wurde in diesen Tagen zu meinem Lehrer, der mich reich beschenkte. So zeigte sich die Bewusstheit als eine Lösung für den Umgang mit dem Schmerz.

In der Hektik des Alltags vergaß ich diese wertvolle Erfahrung wieder, bis ich zu Beginn der 90er Jahre eine sehr unangenehme Zahnoperation vor mir hatte. Voller Angst setzte ich mich verkrampft und mit schweißnassen Händen in den Zahnarztstuhl. Der Zahnarzt schaute mir tief in die Augen und hob den Zeigefinger. Dann sagte er mit der klaren Stimme eines ZEN-Meisters: „Nein! Mit so einer Haltung fangen wir gar nicht erst an!" Mir war als hätten mich seine Worte in die Bewusstheit katapultiert, wie der Schlag eines ZEN-Meisters. Auf einmal war alle Angst verschwunden. Ich öffnete meinen Mund, ließ den Zahnarzt arbeiten und *entschied* mich dafür, nicht zu leiden, was mir auch gelang. Mir schien in dem Augenblick, als wenn es in uns ein inneres Assyl gäbe, eine Haltung, in die wir gehen können wie in eine Yoga-Asana und wenn diese Haltung einrastet, können wir Schmerz konfrontieren. Zusätzlich zu der Bewusstheit, die ich bereits 1985 kennen gelernt hatte, zeigte sich mir in diesem Augenblick ein zweiter Schlüssel für den Umgang mit Schmerzen: Die Haltung! Während der Zahnarzt bohrte, wurde mir bewusst, dass ich auch diese Erfahrung bereits in einem Seminar trainiert hatte. „Du bist die Haltung, die du einnimmst" – nun bekamen die Worte des Begründers der EST-Trainingsseminare Werner Erhard einen tieferen Sinn.

Jahre später saß ich wieder auf dem Zahnarztstuhl. Für den gleichen Abend war ein Mantra-Gesangsabend angesagt, auf den ich mich schon lange gefreut hatte. Ich wusste: Wenn ich mir jetzt eine Spritze gegen Schmerzen geben lasse, sitze ich am gleichen Abend mit einer dicken Backe und aufgequollener Lippe im Chor und kann nicht mitsingen – also verzichtete ich auf die Spritze und konzentrierte mich stattdessen auf reines gewahr Sein. Und wieder war es möglich, den Schmerz zu konfrontieren.

Trotz allem bin ich kein homöopathischer Mercurius-Typ – mein astrologischer Krebs-Mond bringt eine erhöhte Sensibilität mit sich, so dass ich schon von Haus aus mich um das Thema Schmerzbewältigung kümmern muss.

Im Jahr 2009 hatte ich eine schwere Rachenentzündung. Sie wurde so schlimm, dass sich jedes Schlucken, jeder Husten so anfühlte, als würde ich von innen her mit tausend Rasiermessern geschnitten. Nachts hatte ich manchmal das Gefühl zu ersticken. Aus dieser Erfahrung heraus wuchs in mir der Wunsch, noch tiefer zu untersuchen, wie Ho´oponopono zur Schmerzlinderung eingesetzt werden kann. Auf meiner Suche begegnete ich einer Autorin, Vidyamala Burch, die über 30 Jahre lang unter chronischen Schmerzen gelitten hatte. Aus ihrer eigenen Erfahrung im Umgang mit Schmerz und Krankheit entstand ihr Buch" gut leben trotz Schmerz und Krankheit"[13].

Aufbauend auf Studien des in diesem Buch bereits erwähnten Jon Kabat-Zinn entwickelte Burch das sogenannte „achtsamkeitsbasierte Schmerzmanagement" mit Hilfe von Achtsamkeitsübungen. Rehabilitation im wörtlichen Sinne bedeutet, in seinem Körper wieder zu Hause sein im Sinne von gewahr Sein, Verbundenheit mit sich selbst. Die richtige Haltung gegenüber Schmerzen liegt weder darin, ihm zu fliehen, noch ihn zu bekämpfen, sondern mit ihm in Frieden zu kommen, also zu ihm zu sagen: Ich verstehe, akzeptiere und respektiere dich, so wie du bist!

Für den Umgang mit Schmerz ist es erst einmal wichtig zu erkennen, dass es primäres und sekundäres Leid gibt. Buddha bringt in dem Zusammenhang das Beispiel von den zwei Pfeilen: Der erste Pfeil ist der tatsächliche Schmerz. Der zweite Pfeil entsteht durch unseren Widerstand gegen den Schmerz und bringt weiteren Schmerz mit sich. Weil wir den Schmerz weder anschauen noch er-

---

[13] Burch, Vidyamala, gut leben trotz Schmerz und Krankheit, Goldmann Verlag, 2o09

tragen können, sind wir depressiv, wütend, unmutig, streitsüchtig, jagen nach dem Vergnügen, tratschen, klagen, essen, trinken, rauchen, surfen im Internet, schalten den Fernseher an, verfolgen wir Zwänge, kontrollieren wir andere, sind wir rastlos, zerbrechlich, getrieben, spröde und spinnen endlose Geschichten über die jeweilige Situation. Der Kampf gegen den Schmerz raubt die Kraft, die zwanghafte Ablenkung vom Schmerz macht verwirrt. (Ablenkung ist nicht grundsätzlich schlecht, sie verwirrt nur, wenn ihr unachtsam und unbewusst gefolgt wird).

Der Schlüssel der Achtsamkeitspraxis liegt darin, den ersten und den zweiten Pfeil beiden voneinander zu trennen. Achtsamkeit ist urteilsfrei (gegenüber sich und anderen) und nichtreaktiv. Die achtsame Aufmerksamkeit hat etwas Liebevolles, Mitfühlendes, eine offenherzige, freundliche Gegenwart und Interesse (Jon Kabat-Zinn), so wie ein Elefant nicht nur den Kopf, sondern den ganzen Körper dreht, wenn er etwas betrachtet. Die Trennung der unmittelbaren Schmerz-Erfahrung von der eigenen Reaktion darauf schafft eine Lücke, in der kreatives Handeln möglich ist. Man wird nicht mehr gebeutelt, sondern gleichmütig und stabil.

Der Weise fühlt das primäre Leid genau so wie jeder andere Mensch. Er unterlässt es jedoch, sich in Selbstmitleid zu ergehen. Deshalb wird er auch nicht vom Schlammschatten[14] befallen. Er achtet auf das, was ihm tatsächlich widerfährt, ohne es abblocken zu wollen oder sich überwältigt zu fühlen – kein zweiter Pfeil wird nach ihm geschossen. Er ist „entfesselt vom Leid".

Der Weise nutzt den Schmerz als Läuterung der Wahrnehmung, um innerlich sanfter zu werden. Er verändert sein Verhältnis zum Schmerz. Mit Hilfe der Achtsamkeit entwickelt er ruhiges freundliches Gewahrsein, das ihm ermöglicht, die Beschaffenheit des Schmerzes zu erkunden. Indem die Gefühle, die mit dem Schmerz verbunden sind und auch die damit verbundenen Impulse kommen und gehen dürfen, ohne dass er darauf reagieren muss, wird der übliche Reaktionsablauf („Reizreaktion ohne Wahl") unterbrochen. Güte und Mitgefühl keimen, wenn wir erkennen, dass alle Menschen die gleichen Schwierigkeiten bewältigen müssen und von den gleichen Neigungen getrieben wer-

---

[14] Die Formulierung des Schlammschattens stammt von Carlos Castaneda und bezeichnet den Befall eines Menschen durch niedrig schwingende, aussaugende Energien, sobald sich jemand in Selbstmitleid ergießt.

den und dies kreiert in uns die Öffnung, die es ermöglicht, über den Schmerz hinauszugehen.

Die üblicherweise gelebten unbewussten Kernstrategien angesichts von Schmerz sind gemäß Burch „abblocken" (sich abhärten gegen unangenehme Empfindungen, hart gegenüber Schmerzen, getrieben gegenüber anderen, unfähig sich zu entspannen) und „ertrinken" (Selbstaufgabe, Passivität, Depression, Selbstmitleid, Opfer, Rückzug, Isolation, den Schmerz als Zeichen des Versagens ansehen).

Der Irrtum des leidenden Menschen liegt darin, den Schmerz wird als etwas Festes, Hartes, als ein Monster anzusehen. Schmerz und Leid ist in Wahrheit ein Prozess, der sich ständig verändert. Achtsamkeit ist der Schlüssel, um den Kreislauf aus Abblocken und Ertrinken zu durchbrechen. Falls du im Abblocken gefangen bist, mache dir deinen Widerstand bewusst und schmelze ihn durch dein Gewahrsein. Und wenn du ertrinkst, weite deinen Blick, bis er auch andere Elemente umfasst.

Wenn Gedanken dich umkreisen, neutralisiere sie, indem du dich fragst: Wo sitzt der Gedanke im Körper? Entdecke, dass eine gewisse Spannung damit einhergeht. Lockerst du den Körperteil, lockert sich oft auch das Denken.

Es geht um die Balance zwischen beiden Extremen. Eine sehr schöne Übung um in diese Mitte zu kommen, ist „schwarzer Vogel/weißer Vogel" - du findest sie in meinem Buch „die Kraft der Selbstverantwortung"[15]. Weisheit und Mitgefühl sind wie zwei Flügel eines Vogels; die Achtsamkeit hilft dir, beides zu schulen. Hierzu ein passendes Gedicht von Rilke:

Unter den Tauben die allergeschonteste, niemals gefährdetste,
kennt nicht die Zärtlichkeit; wiedererholtes Herz ist das bewohnteste:
freier durch Widerruf freut sich die Fähigkeit[16].

Nach dem Studium des Buches von Vidyama Burch entschied ich mich, eine von ihr beschriebene Übung mit Ho´oponopono, der Energie der Liebe und (Selbst)Vergebung zu kombinieren. Die bereits in diesem Buch erwähnte Technik

---

[15] Becker, Klaus Jürgen, Ho´oponopono und die Kraft der Selbstverantwortung, S. 557, RiWei Verlag, 2009
[16] Rilke, Rainer Maria, die Taube, die draußen blieb

des Bodyscan wird uns hierbei enorm unterstützen. Hier ist das Ergebnis:

Vor-Übung (Zweiergruppe): Entscheiden Sie sich, wer A und wer B ist. A spürt in sich hinein. A sagt erst einmal drei unangenehme Dinge, die er bei sich wahrnimmt und bezeichnet sie als unangenehm, z. B.: „Blockierte Energie – unangenehm, Kraftlosigkeit – unangenehm, Unbehagen – unangenehm!" Dann spürt er in sich hinein und sagt drei Dinge, die sich in ihm angenehm anfühlen und bezeichnet sie mit angenehm, zum Beispiel: „Innere Stille – angenehm, innerer Klang – angenehm, Temperatur – angenehm!" Dann wechselt und tauscht euch über diese Erfahrung aus.

Nun die fünf Schritte zur Achtsamkeit bei Schmerz, Krankheit und Leid nach Vidyamala Burch:

- 1. Sich des gegenwärtigen Augenblickes gewahr werden: Beobachte deinen Atem. Nimm wahr: Was fühle, höre, rieche, sehe, ich? Erkenne: Ich muss immer nur im gegenwärtigen Augenblick leben.

- 2. Sich auf das Unangenehme zubewegen: Richte dein gewahr Sein auf die tatsächliche Schmerzerfahrung/das Unangenehme und beobachte es offen, vorurteilsfrei, eher neugierig. Wo versteckt sich das Monster Schmerz? Hat es eine Farbe, einen Klang, einen Geruch? Dehne dein vorurteilsfreies gewahr Sein vorsichtig immer weiter aus, bis es alle unangenehmen oder schmerzhaften Empfindungen einschließt. Achte darauf, weiter zu atmen und zärtlich, freundlich und offen zu bleiben, so, als wolltest du ein sanftes Licht auf einen im Dunklen verborgenen Gegenstand werfen. Nimm zum eigenen Schmerz eine liebevolle Einstellung an, vielleicht so, wie eine Mutter ihr verletztes Kind zärtlich in den Arm nimmt. Wenn Widerstand auftaucht, bemerke ihn und lehne dich mit deinem gewahr Sein leicht gegen den eigenen Widerstand. Lasse zu, dass dein Widerstand mit jedem Atemzyklus ein wenig schwächer wird. Spüre, wie er nachlässt, während dein Körper mit jedem ausgehauchten Atemzug tiefer in den Boden sinkt und zur Ruhe kommt. Wo genau befindet sich der Schmerz/das Leid im Körper? Sind seine Grenzen klar umrissen? Fühlst du, dass der Schmerz sich verändert- oder auch nicht. Lasse das Körpergewicht in die Erde sinken, um die Atmung zu entspannen. Nimm den Schmerz freundlich an, statt sich von ihm ablenken zu lassen oder ihn ausblenden zu wollen.

- 3. Das Angenehme suchen: Nun, wo du dich dem Unangenehmen liebevoll hingegeben hast wirst du bemerken, daß es dir möglich ist, den Fokus zu wechseln. Wenn man sich gegen Schmerz panzert, schließt man damit auch automatisch die Empfindsamkeit, die Empfänglichkeit für andere Menschen, die Schönheit der Natur, die Freude des Lebens aus. Durch die Konzentration auf das Angenehme öffnest du dich der anderen Seite, dem Angenehmen, das ebenso zum Menschsein gehört. (Lasse dich jedoch zuerst auf das unangenehme ein, damit es keine Vermeidungsstrategie wird). Das Angenehme ist etwas völlig anderes als unser haschen nach Genuss und Ablenkung, um dem Schmerz zu entfliehen. Wenn wir genau hin spüren, erkennen wir, dass die Sucht ihre Wurzeln meistens im Kopf hat, während das Angenehme aus unserer inneren Mitte heraus wahrgenommen wird. Richte die Aufmerksamkeit sanft auf das, was du Jetzt als angenehm empfindest, so als würdest du das Zoomobjektiv einer Kamera auf ein wunderschönes Motiv einstellen. Das Angenehme kann sein: Die Wärme deiner Hände, da Pulsieren an den Fingerspitzen, der Sonnenstrahl, der zum Fenster hereinkommt, die Luft, wie sie auf dem Sonnenstrahl tanzt, der Duft und die Farbe der Blumen, die Wärme des Bettes, sogar der sanfte Kontakt zwischen den Augenlidern. Fühle dich im Angenehmen heil und ganz. Nimm das Angenehme, das stets vorhanden ist wahr – erlebe dein Auftauchen, sobald der Schmerz dich nicht mehr im Griff hat. Werde deines ganzen Körpers gewahr. Spüre das auf- und ab des Atmens. Bemerke jegliche Neigung, dich zu verspannen und lasse sie los. Durchkämme deinen Körper im Rahmen eines Bodyscan von innen und verweile, sobald du etwas angenehmes entdeckst. Registriere, ob es irgendwo angenehme körperliche Empfindungen gibt, wie schwach sie auch sein mögen: Eine angenehme Wärme in den Händen, angenehme Geräusche, Gerüche, Bilder - und würdige all diese Eindrücke, ohne sie festzuhalten. Blicke umher und sieh in deinem Zimmer/der Natur alles besonders intensiv, was du als schön oder angenehm empfindest, so, als sähest du es das erste Mal.
- 4. Das Gewahrsein ausdehnen, um ‚ein größeres Gefäß zu werden'[17]: Wenn du einen Teelöffel Salz in ein kleines Glas mit Wasser gibst, ist der

---

[17] Begriff aus: Beck, Charlotte Joko, ZEN im Alltag, Droemer-Knaur Verlag, 2000, S. 81 ff.

Geschmack sehr intensiv. Gibst du ihn jedoch in einen See, wird er sich kaum auswirken, dich kaum überwältigen. Burch empfiehlt: Werde zu so einem See: Dehne dein gewahr Sein aus, bis es sowohl die unangenehmen wie auch die angenehmen Aspekte deiner gegenwärtigen Erfahrung umfasst. Schalte von der Zoom- auf die Weitwinkelperspektive. Wehre nicht das Unangenehme ab noch klammre dich an das Angenehme. Werde dir deiner gesamten Erfahrung bewusst. Stelle dir vor, alle Aspekte deiner augenblicklichen Erfahrung spielten sich auf einem weiten, offenen Feld des Bewusstseins ab. Wenn du merkst, dass du dich in irgendeiner Erfahrung verfängst, entspanne dich erneut in die Weite des Ozeans. Sei offen, weit, großzügig und lade alles ein, da zu sein[18].

- 5. Auswählen, dem Schmerz begegnen, statt darauf zu reagieren: Sich die eigenen Gefühle eingestehen, wenn sie schon mal da sind und auf den Augenbllick warten, in dem du dich dafür entscheiden kannst, einen positiveren Gemütszustand zu fördern. Dies ist die heilende Hinwendung zu den Grundbedingungen des menschlichen Daseins: Sich dem eigenen Leben zuwenden, statt auf der Suche nach einem besseren Dasein sich von ihm zu entfernen.

In jeder der fünf Stufen achte darauf, innerlich weich und empfänglich zu bleiben, indem du die vier Ho-op-Formeln, alternativ „ich verstehe und ich liebe dich" anwendest. Im Laufe der Zeit lernst du ein kühles, sprödes, distanziertes Gewahrsein von dem warmherzigen, ehrlichen, gütigen, emotional verbundenen Gewahrsein zu unterscheiden.

Vidyamala Burch verdanken wir die Idee eines Tagebuches. Hierbei machst du dir täglich mindestens eine angenehme und eine unangenehme Erfahrung bewusst und trage diese in folgender Tabelle ein:

- Welche Erfahrung hast du gemacht?
- Warst du dir deiner Gefühle während des Geschehens bewusst?
- Wie hat sich dein Körper während dieses Ereignisses angefühlt (Details, Bodyscan!)?

---

[18] Ergänzend empfiehlt sich in dem Zusammenhang auch die Übung ‚als das Ganze denken – das Tor zum Himmel öffnen' nach Tepperwein, u. a. beschrieben in dem Buch ‚Ho´oponopono - die Kraft der Selbstverantwortung' auf S. 136 ff.

- Welche Stimmungen, Gefühle und Gedanken haben das Ereignis begleitet?
- Hast du etwas aus dieser Erfahrung gelernt?
- (KJB:) Mache mit all diesen Erfahrungen Ho-op, indem du zu ihnen sagst „ich verstehe und ich liebe dich" oder vor vier Ho-op-Formeln anwendest.

Aufgrund des Tagesbuches stellst du im Laufe der Zeit fest, egal, was du erfährst, dass es immer angenehme und unangenehme Erlebnisse gibt – dein Erleben relativiert sich. Damit diese Erkenntnis wachsen kann, ist es allerdings notwendig, das Tagebuch auch mindestens einen Monat lang zu führen. Wie ein Samen durch Wasser und Erde keimt, so keimt die liebevolle Einstellung durch tägliches üben.

Stunde um Stunde, Tag für Tag wollen wir das Unfassbare fassen, das Unberechenbare festmachen. Blumen welken, wenn man sie berührt. Eis bricht plötzlich unter unseren Füßen. Vergebens versuchen wir, der Spur der Vögel am Himmel, der dummen Fische im tiefen Wasser zu folgen, wollen das verdiente Lächeln, die sanfte Belohnung vorwegnehmen, wollen gar das eigene Leben festhalten. Aber das Leben gleitet uns durch die Finger wie Schnee, Das Leben kann uns nicht gehören. Wir gehören dem Leben. Das Leben gibt den Ton an.
(Sangharakshita)

Ho oponopono bei schweren Krisen

Nachdem ich das Buch von Vidyamala Burch einigermaßen verdaut hatte, wuchs in mir der Gedanke, dass die von ihr beschriebene Methode des Pendelns in der Aufmerksamkeit zwischen angenehm und unangenehm sich nicht nur für Schmerz und Krankheit, sondern auch für seelisches Leid und Krisen einsetzen läßt.

Kurz darauf kam eine Klientin zu mir mit einer schweren Sinnkrise. Sie lebt mittlerweile in einer Sozialwohnung und glaubte, ihr Leben sei ruiniert, weil in den letzten Jahren alles nur noch bergab gegangen sei. Ich liess sie die nachfolgende Aufstellung machen:

Damals war angenehm/gut:	Damals war unangenehm/schlecht:
- Ich hatte mein eigenes Haus. - Ich hatte viele Freunde. - Ich hatte Spaß am Sex.	- Der Vermieter (ein Bauer) hatte seine Felder mit (aus meiner Sicht) giftigem Pflanzenschutzmittel besprüht. - Es gab mit dem ständig Streit mit dem Vermieter um den Parkplatz, wenn mich Freunde besuchen wollten. - Ich kam mit der Nachbarschaft nicht zurecht. - Im Winter hatte ich ständig kalte Füße, weil die Ofenheizung so schlecht war.
Das ist heute angenehm: - Ich muss keine Miete bezahlen. - Ich habe warme Füße dank Fußbodenheizung. - Ich habe gute Freunde in meiner Nähe	Das ist heute unangenehm: - Ich habe kein Auto mehr und bin deshalb nicht mobil. - Meine Freunde wohnen nicht im Haus. - Ich kann mir keinen Luxus leisten.

Anschließend gingen wir jeden der einzelnen vier Quadranten durch und konzentrierten uns darauf, was die Klientin im Körper und im Bewußtsein deswegen empfindet in vorurteilsfreier Achtsamkeit und sagten zu jedem dieser Aspekte: Ich verstehe und ich liebe dich! Die Klientin erlebte, wie sich ihre scheinbar missliche Lage relativierte und sie mit ihrer Situation in Frieden kam. Ich empfahl ihr, das Tagebuch nach Burch zu führen und jeden Tag eine angenehme und eine unangenehme Sache aufzuschreiben. Durch diese Praxis gelang es der Klientin von Wche zu Woche immer mehr positiven Gleichmut zu entwickeln.

Die Quadranten-Übung lässt sich übrigens mit jeder Krise durchführen, ob es sich um eine Midlife-Krise handelt, den Verlust eines geliebten Menschen oder eines Arbeitsplatzes und auch dann, wenn wir Bedrängnis empfinden aufgrund der Tatsache, dass wir mittlerweile Kinder oder einen festen Partner oder einen festen Arbeitgeber haben, der unseren Freiraum einschränkt. Was immer du erlebst, notiere deine Quadranten früher/heute, angenehmer/unangenehmer und mache Ho-op für jeden Quadranten.

Eine besondere Situation haben wir, wenn ein Mensch eine bewusste oder unbewusste Todessehnsucht entwickelt. Dieses Phänomen ist uns aus Familienaufstellungen hinreichend bekannt. Fast immer steckt hinter Todes-Sehnsucht eine unterdrückte Lebens-Sehnsucht. Sie ist ein klarer Hinweis dafür, dass wir etwas (scheinbar unwiederbringlich) verloren haben. Ob es die Jugend oder die Gesundheit ist, ein ganz bestimmter Partner, eine Lebensform oder eine berufliche oder finanzielle Position. Im Falle der Todessehnsucht ist es sinnvoll, wenn der Klient sich das bewusst macht, was er eigentlich ersehnt (z. B. seine Gesundheit, Jugend, geliebt werden o.ä.) und diese nach der Quadranten-Methode mit liebender Güte und Ho´oponopono bearbeitet.

Der Wert dessen, was erlangt werden kann, wenn wir Krisen nutzen, um die Polarität zu übersteigen, der Duft dieser Freiheit liegt jenseits von alle dem, was uns das Weltliche geben kann. Vielleicht können wir letzteres erst dann wirklich genießen, wenn wir diese Freiheit erlangt haben.

*„Ein Pessimist ist ein Mensch,
der sich über schlechte Erfahrungen freut,
weil sie ihm Recht geben!"
(Heinz Rühmann)*

Wie du deinen eigenen Magnetismus positiv veränderst

Das Gesetz der Anziehung, kurz LOA (engl. „law of attraction") genannt, geht davon aus, dass es keinen Zufall gibt, sondern dass jeder Mensch genau die Lebensumstände erfährt, die seinem „Magnetismus" entsprechen. Im Klartext bedeutet dies:

❁ Wenn jemand oder etwas in deinem Leben ist, den oder das du nicht magst, hast du das kreiert. Offenbar will derjenige oder dasjenige dir etwas Wichtiges über dich selbst lehren.

❁ Wenn deine Partnerschaft für dich unangenehm oder gar unerträglich in Erscheinung tritt, hast du das kreiert. Frage dich in dem Fall: „Was müsste ich für ein Mensch sein, damit dieses Unangenehme kein Problem mehr für mich ist?" Nutze so das Unangenehme, um deine Vorstellungen von einem begrenzten „ich" zu übersteigen.

❁ Wenn du eine Blockade, ein Hindernis oder einen Misserfolg erlebst, hast du dies ebenfalls kreiert. Diese Dinge möchten dich auf einen „Defekt in der Festplatte" hinweisen – nutze sie als Chance, die eigene Vibration zu transformieren.

Die eigenen Unzulänglichkeiten und Fehlerhaftigkeiten zu erkennen und hinzugeben, ohne sich dafür zu verurteilen, ermöglicht „das Wunder von Ho´oponopono"!

Um deine Vibration positiv zu verändern, hilft dir Ho´oponopono verbunden mit folgender Vorgehensweise:

1. Spüre in dich hinein, wie im Kapitel unter Focusing gelernt und erkenne,

Wie du deinen eigenen Magnetismus positiv veränderst

was (z. B. welche Emotion) du gerade vibrierst: Ist es Angst, Ablehnung, Hass, Widerwillen? Nimm die eigene Vibration wahr.

2. Frage dich, ob das, was du vibrierst dem entspricht, was du manifestieren willst. Wenn du beispielsweise flirten willst und dabei Angst vibrierst, wirst du kaum Erfolg haben.

3. Akzeptiere erst einmal voll und ganz die Energie, die du gerade vibrierst. Sage zu ihr (zu dir selbst): Ich verstehe und ich liebe dich!

4. Vergib dir deine bisherige Vibration.

5. Gehe kurz in die Stille, erinnere dich daran, wer du wirklich bist.

6. Frage dich, welche Vibration für den anderen/das Ganze jetzt hilfreicher wäre, z. B. Lebensfreude, Echtheit, Fülle. Gib der treffenden Vibration einen Namen und überprüfe sie kurz, wie im Kapitel über Focusing gelernt.

7. Denke an jemanden, der genau diese hilfreiche Qualität verkörpert. Dies kann ein fremdes Vorbild sein oder auch deine eigene Person in der Vergangenheit. Verbinde dich so mit der anderen Person bzw. der Person, die du damals warst, bis du mit ihr vollkommen verschmilzt.

8. Fühle die hilfreiche Qualität als deine eigene, löse dich wieder von der (damaligen) Person, aber behalte das Fühlen der hilfreichen Qualität bei.

9. Sende die hilfreiche Qualität in genau der Situation aus, in der du gerade bist – falls dies schwerfällt, tanke wieder erneut die hilfreiche Qualität, indem du an die (fremde) Person denkst.

10. Halte den Fokus auf die hilfreiche Situation gerichtet, egal, was im Außen passiert. Tauchen Widerstände auf, mache damit Ho-op.

Hilfreich:

- Mitgefühl: vibriere stets die Energie, die der Andere/die Situation am dringendsten benötigt, z. B. Frieden, wenn es Streit gibt, Dankbarkeit, wenn dir Vorhaltungen gemacht werden usw. Dadurch umgehst du die Blockade des Egos.

- Lege dir Erinnerungsbanken mit hilfreichen Qualitäten an, z. B. ein

Wie du deinen eigenen Magnetismus positiv veränderst

Fotoalbum oder ein Erinnerungsalbum.

- Training: übe dich täglich im Vibrieren einer ganz bestimmten Tagesenergie, bis du alle Frequenzen modulieren und vibrieren kannst.

- Führe ein Erfolgstagebuch, in dem du ständig die Wunder, die aufgrund deiner veränderten Vibration erfolgt sind, festhältst.

Kurt Tepperwein empfiehlt in seinen Kausaltrainings ein ähnliches Vorgehen, wenn er die Formel lehrt:

✾Dies (die alte Vibration wahrnehmen)

hätte ich gerne so (die neue, hilfreiche Vibration aussenden). ✾

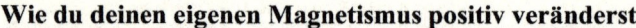

Wie du deinen eigenen Magnetismus positiv veränderst

Die Energie der Unschuld

Das erste Mal las ich von der „Energie der Unschuld" in dem Buch von Dr. Silvia Hartmann „EmoTrance"[19]. Die „Energie der Unschuld" verbindet dich direkt mit der Meisterkraft. Sie ist in der Lage, *jegliche* Störung augenblicklich in ihre Stimmigkeit zu transformieren. Hierbei ist nichts weiter zu tun, als das Herz zu öffnen, zu spüren, wie die „Energie der Unschuld" zu fließen beginnt, und diese genau in den Lebensbereich zu lenken, welcher transformiert werden soll. Wichtig ist es, zu *fühlen*, wie sich die Situation transformiert („fühlen ohne zu denken").

Die Energie der Unschuld selbst ist absichtslos, von keinerlei Bedingungen abhängig. Es geht beim „Hinfühlen" also nicht darum, den Prozess der Transformation zu manipulieren, sondern quasi „Gott bei der Arbeit zuzuschauen". Dies erfordert Offenheit gegenüber dem Ergebnis, frei von Vorstellungen. In der Unschuld zu sein heißt anzuerkennen:

- Ich habe keine Ahnung von dem, was gerade los ist und warum dies oder jenes in meinem Leben ist, aber ich kann es loslassen, weil ich mir jetzt dessen gewahr bin.

- Es ist unmöglich, sich all der Dinge, die um mich geschehen bewusst oder unbewusst gewahr zu sein. Eine Reihe unsichtbarer Signale sind in der Luft, die mir nicht bewusst sind, doch das macht nichts.

- Da ich nicht weiß, was los ist, kann ich es nicht alles kontrollieren. Ich habe keine Kontrolle über alles und das ist völlig ok so.

- Es ist nicht weise, mein Ego entscheiden zu lassen, was gut für mich ist, denn es weiß nicht, was gerade los ist.

- Ich habe eine Wahl, aber ich habe keine Kontrolle über die Einzelheiten.

- Mein Sein kreiert mein Leben, ohne dass ich alles kontrollieren muss.

---

[19] EmoTrance: Wie Sie belastende Emotionen in befreiende Energie umwandeln von Silvia Hartmann, VAK Verlag, 2004

Die Energie der Unschuld

- Mein Körper und mein Geist regulieren sich selbst durch Ho-op, ohne dass ich alle Details kennen muss.
- Mein bewusster Verstand (engl. Mind), ist nicht der Schöpfer.
- Hingabe ist der Schlüssel: Ich muss loslassen, ob sich meine Bedürfnisse manifestieren oder nicht.

Es kann heilen, was immer in deinen Weg kommt:

- Was immer in meinem Leben geschieht, ist da um geheilt zu werden, eben weil es in meinem Radar ist.
- Wenn ich es fokussieren kann, habe ich es.
- Wenn ich es fühlen kann, kann es durch mich heilen.
- Was immer ich bei jemand anderem sehen kann – wenn es mich beunruhigt, ist es Zeit für die Heilung.

Lasse immer wieder die Energie der Unschuld fließen und mache immer wieder mit Störgedanken Ho´oponopono.

Anregungen zur Einstimmung auf Ho´oponopono

Folgende Vorgehensweise hat sich in meiner Praxis bewährt:

1. Ich gehe in meine Mitte und mache mir bewusst, was ich erlebt habe/was vorgefallen ist (Bestandsaufnahme).

2. Welches Gefühl hängt mit diesem Teil zusammen? Ich lasse diesen Teil jetzt das Gefühl aussprechen, dasss mit der Erfahrung zusammenhängt. Ich treffe das Gefühl ganz genau und spreche es jetzt aus. Ich wiederhole das Gefühl immer wieder ... (zum Beispiel: „verängstigt, verängstigt, ..."). Ich spüre deutlich die Gefühle/den Schmerz, die das Erlebte/der Vorfall in mir ausgelöst hat. Ich spüre meine Gefühle/den Schmerz in meinem Körper, fühle, ohne zu denken – reine Gefühlswahrnehmung, keine Interpretation, keine Projektion, gemeint ist das echte Gefühl, das ich bei mir selbst fühle, z. B. Traurigkeit, Wut, Schmerz, Irritation. Nicht eine Gefühlsäußerung die irgendjemand für mich verantwortlich macht, wie z. B. „verletzt, missbraucht, geschlagen".

3. Ich nehme ganz bewusst wahr, in welchem Körperbereich das Gefühl/der Schmerz seine Wurzeln hat. Ich gehe in die Mitte des Gefühls/des Schmerzes und erlaube, dass das Gefühl/ der Schmerz sich über den ganzen Körper ausbreitet.

4. Zentriert in der Mitte des Gefühls/des Schmerzes nehme ich ganz bewusst wahr, wie sich die Einwirkung von außen anfühlt und gebe ihr einen Namen, einen Namen, der bestmöglich beschreibt, was von außen auf mich zugekommen ist. Ich spreche den Namen jetzt aus ... (z. B. Aggression, Dumpfheit, Übergriff, Enge, ...). Und dann fühle ich noch tiefer in den Teil in mir hinein, der von dieser äußeren Einwirkung betroffen ist. Was ist das für ein Teil, wie sieht er aus und wie fühlt er sich? (Es kann sein,

Anregungen zur Einstimmung auf Ho´oponopono

dass ich an dieser Stelle ein verängstigtes Kind spüre, ein Bild aus einem „früheren Leben" aufsteigt oder auch eine Situation aus meiner Jugend.) Was immer aufsteigt, ist willkommen, darf sein und aus einer Zellinformation jetzt entlassen werden. Ich danke meinem (Unter-)Bewusstsein für seine Offenheit und sein Vertrauen, die eingeschlossene Zellinformation jetzt zu öffnen und mich damit durchfluten zu lassen.

5. Ich verstärke, wenn ich mag, das Hochkommen der eingeschlossenen Information, indem ich immer wieder zu meinen Zellen sage (wie ein Mantra): „Danke für deine Offenheit, danke für deine Offenheit, …". Irgendwann habe ich ein ziemlich klares Bild von dem Teil in mir, der mit dieser Erfahrung zusammenhängt (dem verängstigten Kind in mir, dem Teil in mir, der von dem Ereignis am meisten betroffen ist.).

6. Ich frage mich: Wie kommen nach dem Gesetz der Anziehung die schwierigen Menschen/Situationen in mein Leben? Wie schaffe ich es mir, dass-dass … (die Menschen/Situationen)? Was in mir ist es, das kreiert, dass der andere/die Situation sich so unangenehm zeigen muss, wie sie es tut. Den Teil in mir, der also glaubt und Recht haben will damit/will, dass die Menschen/Situationen unheil sind, will ich anreden, mit ihm in Dialog treten: Wie fühlt er sich an, warum erschafft er dies? Was würde passieren, wenn das Problem wegfiele. Denke ich unbewusst: „Es ist ja eine gute Lösung, wenn die Menschen/Situationen unheil sind, sonst …" Was ist mit dem unbewussten Teil los, was ist seine verborgene „gute Absicht"? (Zu letzterem s. auch das Kapitel über Kern-Transformation.)

7. Ich erkenne, dass es das (oftmals verdrängte) Leiden dieses Teiles ist, dasss in der Außenwelt die unangenehme Erfahrung angezogen hat, wie ein Magnet. Und ich ahne vielleicht, dass dieser Teil Schreckliches erlebt haben muss, dassdass er so geworden ist, dass er in solcher Resonanz steht. Und ich weiß auch, dass dieser Teil immer und immer wieder diese Schwierigkeiten kreiert, um auf sich aufmerksam zu machen, um darauf aufmerksam zu machen, dass er in meiner Zellinformation vorhanden ist und dorthin verdrängt und vergessen wurde. Und in diesem Wissen wende ich mich diesem Teil zu. Ich sende ihm alle Liebe. Und ich sage zu ihm: „Es tut mir leid und ich liebe dich". Ich wiederhole diese Worte immer wieder: „Es tut mir leid und ich liebe dich. Was immer dir als dieser Teil widerfahren ist, dass du so geworden bist, dass du das erschaffen musst, es

Anregungen zur Einstimmung auf Ho´oponopono

tut mir leid und ich liebe dich."

8. Ich weiß, dass ich durch die Art und Weise, wie ich in die Welt hineinsehe, ich diese Welt kreiere. Ich übernehme die volle Verantwortung dafür, dass ich in der Situation ... ein Problem kreiert/erlebt/gesehen habe. Zu der Situation selber sage ich nun auch: „Es tut mir leid und ich liebe dich". Zu den beteiligten Menschen sage ich „es tut mir leid" (dass ich euch so kreiert habe) und „ich liebe dich".

9. So wie Gott/die universelle Energie Tag für Tag den Menschheitszellen seine Liebe sendet, wie er mit uns leidet und mit uns unsere Erlösung, unser Erwachen wünscht, so spreche ich wie ein liebender Gott zu meinen Körperzellen. Eingestimmt in die unendliche Liebe der Einen Kraft liebe ich diesen Teil in mir, bis er heilgeliebt ist. „Es tut mir leid und ich liebe dich". Das ist es, was ein vollendeter Meister tut, wenn er uns erlöst: „All deine Fehler fallen ihm zu und all seine Rechtschaffenheit dir!" Ho´oponopono ist ein kleiner Schritt, in den Fußstapfen dieser Großen.

10. Durchströmt von tiefer Dankbarkeit sehe ich die Vollkommenheit in der Situation, dem Menschen, ich entlasse all dies in die Vollkommenheit. Ich wiederhole die magischen Formeln „es tut mir leid" und „ich liebe dich", bis ich spüre: Ich bin frei, die Situation ist in mir gelöst!

Ich habe ein Stück Verantwortung für mein Erleben zurückgenomen – ich habe ein Stück Schöpferkraft zurückgewonnen – und dafür bin ich dankbar. Äußeres Erleben und innere Wirklichkeit gehören zusammen mit Flausch und Haken bei einem Klettverschluss. Indem ich meinen inneren Teil heile, findet der Haken keinen Flausch mehr, er kann sich zurückbilden, er wird heil – jetzt. Ich spüre wie immer mehr Heilkraft in diesen Teil in mir strömt, der bisher von meinem Bewusstsein verlassen war. Ich spüre wie mein Bewusstsein sich in diesem Teil ausdehnt. Ich spüre tiefe Dankbarkeit für die Wandlung, die geschehen *ist*.

Anregungen zur Einstimmung auf Ho´oponopono

Arbeite stets mit dem, was *jetzt* ansteht.

Wo kannst du mit deinem Ho-op anfangen? Genau dort, wo es dich am meisten zwickt, stört, nervt. Hier kannst du ruhig "egoistisch" sein: Du arbeitest genau an der Beziehung, der Lebenssituation, die dir am unangenehmsten auffällt. Denn erst müssen wir selbst satt und erfüllt sein, bevor wir uns um "die Welt" kümmern können.

Beispiel: Meine Nachbarn haben einen Hund. Den sperren sie tagsüber in der Wohnung ein, wenn sie zur Arbeit gehen. Der Hund bellt, stundenlang. Die Wand zwischen der Nachbarwohnung und meinem Arbeitszimmer ist dünn. Ich will arbeiten. Der Hund bellt. Ich fühle mich aggressiv, nervös, in meinem Frieden gestört, tue mich schwer mit der Konzentration. Der Hund bellt lauter, aggressiver. Die Nachbarn sind nicht da. Ich mache mir den „bellenden Hund" *in mir* bewusst. Ich sage zu ihm „ich verstehe und ich liebe dich". Ich versuche nicht im Außen etwas zu ändern. Ich arbeite nur mit meiner eigenen Reaktion. Wann immer feindselige Gefühle aufwallen und mich aus der Konzentration reißen, weil der Hund bellt, sage ich zu den Gefühlen „ich verstehe und ich liebe dich". Etwas entspannt sich in mir. Ich kann wieder arbeiten. Es ist ok. Auf einmal hört der Hund auf zu bellen – war es mein Ho-op oder Zufall? Ich weiß es nicht. Gut, dass ich immer wieder erinnert werde, Ho-op zu machen. Der Hund bellt nicht mehr – in mir!

Durch regelmäßiges Ho-op erleben wir das Wunder, dass unsere Beziehungen sich positiv verändern. Du kämpfst nicht mehr gegen den anderen und schiebst ihm nicht die Schuld für irgendetwas zu. Im Gegenteil, du übernimmst die Verantwortung und wandelst, übernimmst die Verantwortung und wandelst ...

Übung: Wenn du das nächste Mal einen unangenehmen Menschen berätst – am Telefon oder persönlich, dann werde doch einmal gedanklich so weit, dass der andere Mensch *in dir* ist. In dem Maße, in dem du es schon kannst, finde den Teil in dir, der den Konflikt im anderen erschaffen hat. Tauche ein in dich selbst und entdecke tatsächlich den Teil in dir, der uns diesen Konflikt zugetragen hat. Obwohl du selbst nach herkömmlichem logischen Denken gar nichts damit zu tun hast, benutz das Mantra "ich verstehe dich und ich liebe dich".

Die vier Formeln auswendig zu lernen ist ein Kinderspiel – dies kann jeder. Die hohe Kunst von Ho´oponopono liegt darin, genau den Punkt zu treffen, um den es geht. Denn nur dieser bewirkt die Wandlung.

Als mich beim Schreiben des Diamant-Buches eine uralte Freundin unerwartet anrief und mit mir am Telefon die Zeit vertrödeln wollte, weil sie Langeweile hatte und mit dem Reden nicht aufhörte, obwohl ich signalisiert hatte, dass es gerade nicht geht, spürte ich zuerst einmal Irritation und Wut, denn ich war gerade in höchster Konzentration mit dem Buchschreiben. Ich beendete das Telefonat zügig und machte sofort mit dem, was ich erlebt hatte, Ho-op. Dann „sah" ich, dass diese Frau eine frühere Inkarnation in Hawaii hatte (zumindest präsentierte mir das Unterbewusstsein diese Bilder) und sie in Wahrheit ein Buch von mir wollte. Also rief ich sie kurzerhand zurück, erzählte ihr von meinem Buch und beglückt antwortete die alte Bekannte, dass sie gerne eines von mir erwerben würde – handsigniert.

Wenn es um eigene Themen geht, mit denen du dich sehr identifizierst, kann es sein, dass du den „springenden Punkt" nicht sofort entdeckst. Es ist wie mit deiner Brille, die du nicht findest, weil du sie auf der Nase hast. Auch bei verdrängten Themen kann es sein, dass du nicht sofort weißt, mit welchem Anteil in dir du Ho-op machen solltest. Hier hilft dir Selbstbeobachtung.

Selbstbeobachtung bedeutet wahrzunehmen, was in dir vorgeht. Du erkennst vielleicht, dass da zwar unliebsame Reaktionen in dir sind, dass du aber diese nicht bist. „Aha, da ist Ärger!" Aber du bist nicht dieser Ärger. Du bist derjenige, der den Ärger wahrnimmt. Also kannst du zu dem Ärger sagen: „Ich verstehe dich - ich liebe dich – es tut mir leid – bitte verzeih mir –– danke!"

Nach meiner Erfahrung ist die Wirkung von Ho´oponopono dann am stärksten, wenn die vier Formeln „ich liebe dich – es tut mir leid – bitte vergib mir – danke" genau den Punkt in dir treffen, um den es jeweils geht. Wenn ein Akupunkteur eine Nadel setzt und die Nadel den Akupunkturpunkt genau trifft, dann ist die segensreiche Wirkung daran zu spüren, dass die Nadel „anzieht" und der Energiestrom im Meridiansystem aktiviert wird. In meinem Buch „Ho´oponopono und die Kraft der Selbstverantwortung" habe ich zahlreiche Hilfen beschrieben, wie du an diesen empfindsamen Punkt kommst.

Wenn du die vier Wortfolgen einsetzt und du spürst keine direkte Verwandlung, dann ist es hilfreich, genauer in dich hineinzuspüren, wo dieser Teil sitzt, der das aktuelle Problem manifestiert hat. Oftmals versteckt er sich hinter mehreren Schichten, durch die du mit fortwährendem Üben immer leichter hindurchfindest. Fast immer ist die Feindseligkeit eines Gefühls wie Aggression, Wut etc. ein gutes Indiz für die innere Spurensuche. Die Feindseligkeit von Gefühlen ist quasi die „rote Warnlampe" dafür, dass es allerhöchste Eisenbahn ist, um in den Ho-op-Zug zu steigen und an dir selbst zu arbeiten. Jedes Gefühl ist ein Wegweiser, der dir hilft, immer tiefer in das Thema, das du angehen möchtest, einzusteigen.

Wann immer du Feindseligkeit verspürst, gehe in die Selbstbeobachtung und mache Ho-op mit dem Teil in dir, der feindselige Emotionen produziert. Nutze bereits die kleinste Feindseligkeit als Auslöser von Ho-op. Wenn in deinem Auto die Ölkontrolllampe aufleuchtet, dann hältst du ja auch sofort an, um Öl nachzuschütten. Ähnlich solltest du mit dir selbst umgehen, wann immer du eine feindselige Regung, und sei sie noch so zart, in dir spürst: Gieße das „Öl der Liebe" nach, indem du sofort Ho-op machst.

Was den Anfänger vom Geübten unterscheidet, ist die Genauigkeit, mit der der sensitive Punkt getroffen wird. Hier wird die Anwendung von Ho-op zur Kunst! Schauen wir uns die Biographien der großen Maler an, Van Gogh, Picasso, Chagall, Dali, Miro, dann lesen wir von tiefen inneren Auseinandersetzungen, bis im Laufe des Lebens das „Ureigene" und „Originelle" seinen Weg fand, durch die Person hindurchzuscheinen und sich Ausdruck zu verleihen.

Die Nähe zur Kunst verbindet Ho-op nicht nur mit den großen Malern, sondern auch mit dem Leben selbst, denn als solches möchte unser Leben verstanden werden, als Kunstwerk. Doch niemand hat uns die „Kunstfertigkeiten" beigebracht für die besagte „Lebenskunst", die wir suchen und so stolpern wir erst einmal durchs Leben, mal besser, mal schlechter, bis wir irgendwann tiefer erfassen, was die Welt im Innersten zusammenhält und vielleicht dabei auf Ho-op stoßen und dann beginnen zu üben, zu üben und nochmals zu üben.

In der praktischen Spurensuche frage dich: „Welcher Teil in mir steht gerade in Resonanz zu dem, was da draußen abläuft?" Die Fähigkeit, dich selbst zu beobachten und in deinen Körper hineinzufühlen, wird dir auf dem Weg enorm helfen. Mache ggf. mit mehreren Teilen in dir Ho-op, bis du spürst, dass die Energie frei zu fließen beginnt und du eines Tages dich möglicherweise als ein Meister in der Anwendung dieser vier Formeln erlebst.

Arbeite stets mit dem, was *jetzt* ansteht

Von großen Meistern Indiens wird beschrieben, dass sie ihre Schüler dazu anwiesen, Wasser in Wein zu verwandeln. Sie gaben ihren Schülern eine Karaffe mit Wasser und ein Mantra, das Wasser in Wein verwandelt und baten sie, dieses Mantra in das Wasser hineinzusprechen. Die Schüler versuchten oft tagelang vergeblich, mit Hilfe des entsprechenden Mantras Wasser in Wein zu verwandeln. Und dann kam irgendwann einmal der Meister vorbei, sprach das gleiche Mantra und augenblicklich war das Wasser in Wein verwandelt.

Ho´oponopono mit seinen vier magischen Formeln ist ein Mantra, das dir hilft, nicht nur Wasser in Wein, sondern sogar Steine in Brot zu verwandeln. Dafür genügt es aber nicht, die Formeln einfach nur gedankenlos vor dich her zu sprechen, du musst selber vom Wasser zum Wein bzw. vom Stein zum lebendigen Brot werden. Auch wenn sich kleine Themen durch einfaches sich Vorsagen der Formeln lösen lassen, wirst du erkennen, dass Ho´oponopono ein WEG ist. Die eigentliche Umwandlung bezieht sich nicht auf die äußeren Umstände, sondern auf dein eigenes Herz.

Erst ist es, als wolltest du einen Stein der Empfindungslosigkeit zum Erweichen bringen, doch irgendwann öffnet sich dieser Anteil in dir, die Transformation berührt den Teil in dir, der das Dilemma erschaffen hat: »Es tut mir leid, dass ich dich so erschaffen habe, dass du … (arrogant, streng, unartig, tölpelhaft, …) bist. Und: Ich liebe dich!«

Es versteht sich von selbst, dass auch ich, noch auf dem Weg bin, diese Kunst zu erlernen. Einmal war ich morgens mit meiner Partnerin auf dem Weg zum Skilaufen und die Zeit war knapp, da wir um 10.00 Uhr an der Bergbahn verabredet waren. Ich hielt kurz im Supermarkt, um ein elektrisches Gerät umzutauschen, das ich gekauft hatte und um ein paar Orangen zu kaufen. Als ich hineinkam, sah ich bereits die lange Warteschlange an der Kasse und fühlte meinen eigenen Stress und den Stress der Kunden, während ich mich hinten an der Warteschlange anstellte. Nur die Kassiererin war entspannt und freundlich. Ihre wundervolle charmante Art erinnerte mich daran, sofort Ho´oponopono zu machen. In der Sekunde, in der ich zu dem eigenen Stress und dem der anderen Leute innerlich sagte „ich verstehe und ich liebe dich", drehte sich der Mann, der vor mir an der Kasse anstand um und fragte, ob er mich vorlassen dürfe. Daraufhin drehte sich die Kundin, die vor diesem Mann an der Kasse wartete ebenfalls um und ließ mich vor und so ging es weiter, bis ich binnen weniger Minuten durch die Kasse hindurch war und beglückt weiterfuhr. Solche Wun-

Arbeite stets mit dem, was *jetzt* ansteht

der erlebe ich immer wieder – und dann gibt es natürlich auch Situationen in meinem Leben, die nicht sofort klappen – einfach deshalb, weil ich den sensitiven Punkt in mir noch nicht gefunden hatte. Und doch zeigen mir die Erfolge, wenn sie durch das Göttliche entstehen, mir ziemlich klar auf, wie Ho´oponopono wirkt:

Dein Bewusstsein wird immer universaler, so dass du dich immer mehr als *der* Schöpfer erlebst. Erfahre, wie um dich herum die Menschen in dem Maße zu heilen beginnen, wie die universelle Energie dorthin durchlässig ist .Und dann irgendwann finde dich in Gruppen zusammen und wandle kollektive Themen: *das* Geld, *die* Gesundheit, *den* Eros, *die* Politik. Stets geschieht die Wandlung in und aus dir. Schaue gar nicht auf das, was da draußen vor sich geht, ebenso wenig wie du an einem Spiegel herummalen würdest, wenn dir das Spiegelbild nicht gefällt. Wandle *in dir*. Und ehre das Wirken der großen Avatare, wie Jesus oder Buddha, die die ganze Welt *in sich* gewandelt haben.

Wenn du auf dem Weg das "planetare Bewusstsein" erreicht, die ganze Erde in unser Herz genommen hast, ist dies nicht das Ende der Reise, sondern der Anfang einer neuen, in immer integrativere und umfassendere Dimensionen. Wie sagte schon Jesus: "Des Vaters Haus hat viele Wohnungen!"« Um in diese anderen Wohnungen zu gelangen, müssen wir zu einem *wandelnden operativen Feld* werden, das Fußwaschung betreibt – denn das Sinken geschieht um des Steigens willen.

Arbeite stets mit dem, was *jetzt* ansteht

Die Dinge sind nicht, wie sie scheinen.

Das Problem liegt niemals in dem, was ein *Anderer* tut

Das, was dir Kummer bereitet, liegt niemals in dem, was du erlebst, sondern in den Gedanken, Emotionen, Bewertungen, Reaktionen, die in der Regel in wiederaufgespielten Erinnerungen bestehen. Die Lösung findest du, indem du erkennst, dass die Beziehung, der Umstand, die Situation, die du scheinbar im Außen erlebst, IN DIR stattfindet, nicht „irgendwo da draußen". Ist etwas in deinen Beziehungen, Situationen, Umständen unangenehm oder vielleicht sogar unerträglich, so zwingt dich dies zu einer Änderung *in dir*.

Damit wir uns wieder als die Ursache unseres (Er-)Lebens erleben, ist es wichtig, JEDER Kreation bedingungslose Wertschätzung zukommen zu lassen.

Hierfür eine einfach Methode, die dir helfen kann: Wann immer Du Schwierigkeiten mit einem anderen Menschen (und seinem Verhalten) hast, mache dir bewusst, dass du den anderen Menschen niemals so wahrnimmst, wie er wirklich ist, sondern stets so, wie er gemäß deiner Erwartungshaltung auf dich wirkt. Da du das Ganze bist, befindet sich der Andere stets auch in dir, als Zelle, als Atom, als ... Gedanke!

Heile das Unangenehme, was dir der Andere spiegelt, indem du stets, wenn du an diese Person denkst die Worte „mein innerer/meine innere" davorsetzt und dann auf genau diese Gedanken und Wahrnehmungen, die du über den anderen Menschen hast, die magischen Ho-op-Formeln anwendest, also:

- Mein *innerer* George Bush, seine Doofheit

- Meine *innere* Annemarie Eilfeld und ihre Zickigkeit

- Mein *innerer* Partner, sein mangelndes Einfühlungsvermögen

- Mein *innerer* Nachbar, seine Primitivität

- Mein *innerer* Fred (oder wie immer dieser Mann heißt, um den es geht), seine Ungeschicklichkeit

- Meine *innere* Anna, ihre Übergriffe

usw.

Stelle dir vor, du bist so unendlich, dass dein Körper die ganze Menschheit umfasst. Und dann spüre deinen inneren … (Name) in dir. Und sage zu ihm „ich verstehe und ich liebe dich"!

Dann richte die Aufmerksamkeit auf ein spezielles Thema in deiner Beziehung zu diesem Menschen, das für dich wichtig, möglicherweise schwierig ist – fühle dieses Thema und sagen immer wieder zu diesem Thema (und damit zu dir selbst): „Ich verstehe und ich liebe dich!"

Richte dann die Aufmerksamkeit auf den Raum zwischen dir und dem anderen – gibt es dort irgendwelche Schwierigkeiten? Dann sage zu diesen Schwierigkeiten „ich verstehe und ich liebe dich" und denke dabei nicht mehr an die Person, sondern nur an die Schwierigkeit, die Energie-Interaktion zu dem anderen Menschen und arbeite mit dem, was du als Störung zwischen dir und dem anderen empfindest. Alles, was du erlebst ist in dir. Dies gibt dir die Chance alles zu wandeln. Anschließend kannst du den anderen und dich selbst „befähigen", Erfüllung zu erleben.

Projektionen erkennen und auflösen – aber wie?

Hierfür gibt es eine sehr schöne Formulierung, die du jedes Mal anwenden kannst, wenn du wieder dabei bist zu projizieren. Jedes Mal, wenn du etwas Negatives über jemand anderen denkst oder sagen möchtest, wie z.B.: *„Der andere ist ..."*, ersetze diesen Satz gedanklich durch: *„Ich bin, dass der andere ...ist!"* Das klingt zwar erst einmal ein wenig wie gebrochenes Deutsch, hat aber eine tiefere Bedeutung. Nachfolgend weitere Beispiele:

Bisherige Formulierung	Neue Formulierung
Paul liebt mich nicht.	*Ich bin, dass* Paul mich nicht liebt.
Elfi ist ungeschickt.	*Ich bin, dass* Elfi ungeschickt ist.
Meine Eltern sind doof.	*Ich bin, dass* meine Eltern doof sind.
Mein Partner ist aggressiv.	*Ich bin*, dass mein Partner aggressiv ist.
Meine Kinder sind ungezogen.	*Ich bin*, dass meine Kinder ungezogen sind.
Der Staat macht alles falsch.	*Ich bin*, dass der Staat alles falsch macht.
Der Blödhammel steht vor mir.	*Ich bin*, dass der Blödhammel im Supermarkt vor mir steht.

Lasse dir einmal die Formulierungen in beiden Spalten auf der Zunge zergehen. Unterschied erkannt??? Bei der ersten Variante machst du *den anderen* verantwortlich für das, was du erlebst, und gibst damit deine Macht, die Dinge zu ändern, an ihn ab. Bei der zweiten Variante übernimmst du die Verantwortung und kannst etwas ändern, indem du *in dir* etwas korrigierst.

Projektionen erkennen und auflösen – aber wie?

Ho´oponopono und Projektionsrücknahme – ein Praxisbeispiel

Das, was uns im Außen negativ auffällt, löst bekanntlich nur deshalb in uns eine Reaktion aus, weil es etwas in uns, das wir noch nicht durch Liebe erlöst haben, ähnlich ist.

Wir sind gebunden an das, woran wir uns binden. Gebunden sind wir insbesondere durch unsere Projektionen. Dort lagern wir Teile von uns selbst, die wir an uns selbst nicht mögen, nach außen aus – und dort machen sie uns zu schaffen.

Dies ist das Dilemma, denn wir suchen Ver-Bindung. Die Lösung liegt darin, zu erkennen, dass ich mein „ich" und alles Wollen loslasse und in Dankbarkeit annehme, was mir derzeit gegeben wird. Nicht das „Ich", sondern Gott/die Eine Kraft ist des Handelnde. Alles darf sein, wie es ist. Gott/die Eine Kraft ist der Geber aller Gaben und aller Beziehungen. Es ist Gott/die Eine Kraft, die löst und bindet. Dann und nur dann, wenn ich mir dessen gewahr bin, lebe ich in Verbindungen, die stabil sind. Weil sie beweglich sind. Weil sie sich selbst leben dürfen. Weil sie allesamt sich nicht auf Persönlichkeiten beziehen, sondern auf den, der die Persönlichkeiten durchlichtet.

Das, was uns im Außen stört, WAS IMMER ES IST, können wir stets als Indiz für unsere (Selbst-)Therapie verwenden und so Gift in Medizin verwandeln, ebenso unsere eigenen Reaktionen darauf. Indem wir alles, was uns im Außen oder Innen stört für die persönliche Transformation nutzen, verbessern wir unser inneres und äußeres Leben. Nachfolgend findest du eine Form der Umwandlung von Gedankenprojektionen, die du regelmäßig nutzen kannst, sobald sich bei dir auch nur das kleinste Unbehagen meldet.

1. Was ist los? Notiere, was dich am anderen/dem Außen oder dem Inneren stört.
2. Finde genau den Teil in dir
3. Mache mit dem Teil in dir Ho-op

Ho´oponopono und Projektionsrücknahme – ein Praxisbeispiel

Wenn es um viele Punkte geht, die aufzulösen sind, kannst du auch mit der Schnellformel „ich verstehe dich und ich liebe dich" oder auch „es tut mir leid und ich liebe dich" arbeiten.

Praxisbeispiel

Therapiesitzung mit einem Krankenpfleger:

T (Therapeut): Wie geht es Ihnen?

K (Klient Peter, Krankenpfleger): Ich habe einen Patienten, Otto, mit dem halte ich es kaum aus.

T: Bitte sagen Sie mir ungefiltert alles, was Sie an Ihrem Patienten stört und was er in Ihnen an Reaktionen auslöst, alles, was Ihnen an Ihrem Patienten negativ auffällt. (T macht sich nachfolgend Notizen, während der Klient spricht.)

K: Mein Patient Otto jammert; er sagt mir, was ich tun soll, spielt die Krankenpfleger gegeneinander aus, sagte zu mir ich sei ein Giftmischer, er ist schwerhörig, manipuliert; ich selbst habe das Empfinden im Umgang mit ihm, dass ich alles falsch mache; manchmal könnte ich ihn umbringen vor Abneigung; ich spüre Scham, schlechtes Gewissen, möchte alles hinschmeißen und habe zugleich Angst, dass meine innersten negativen Gedanken über ihn heraus kommen und bin deshalb bewusst freundlich zu ihm, heuchele Empathie; da der Oberarzt gesagt hat, dass mein Patient wahrscheinlich bald sterben wird, ziehe ich mich mehr und mehr von ihm emotional zurück, manchmal ist er nur ein Objekt für mich.

T: Der Patient Otto ist eine Art „homöopathisches Mittel", das Ihnen Ihre Seele verschrieben hat. Er macht sichtbar, was in Ihnen verborgen ist. Im Grunde genommen geht es gar nicht um Otto, es geht um *Sie* und um *Ihre* Reaktionen. Und es ist wichtig, dass Sie sich für Ihre Reaktionen und Empfindungen nicht verurteilen, denn nur in der Selbstannahme liegt die Lösung. Beginnen wir die Liste abzuarbeiten: Jammern, kennen Sie das von sich selbst, warum lehnen Sie jammern so heftig ab?

K: Jammern ist etwas für Schwächlinge, man muss sich im Leben zusammen reißen. Menschen, die jammern, sind nicht lebensfähig.

Ho´oponopono und Projektionsrücknahme – ein Praxisbeispiel

T: Dann spüren Sie jetzt in Ihren Körper hinein – wo in Ihrem Körper sitzt der Teil, der glaubt, man müsse sich im Leben zusammen reißen?

K: Ich spüre es in der Wirbelsäule, wie ein Strecken, aber steif, wie ein Eisenrohr.

T: Gut, dann fühlen Sie sich in diesen Teil hinein und sagen Sie zu ihm: „Ich verstehe dich und ich liebe dich!"

K (spürt in sich hinein): Jetzt entspannt sich da etwas in mir, es ist als würde etwas in mir aufweichen, zugleich auch lebendiger werden.

T: Und nun spüren Sie bitte in „den Jammerer" *in Ihnen* hinein, wo sitzt der?

K: Der sitzt im Bauch, er ist weich und verletzlich.

T: Und nun sagen Sie zu dem Jammerer in Ihnen „es tut mir leid und ich liebe dich". Wie geht es Ihnen damit?

K: Mir ist als wenn ich mehr Kraft im Bauch hätte.

T: Erst kommt die Annahme, dann die Verwandlung. Wie ist es mit dem Teil, der den Wunsch hat, dem Patienten weh zu tun oder ihn umzubringen, wo sitzt der im Körper?

K: Ich spüre eine Verhärtung meiner Gesichtsmuskeln, aber diesen Teil mag ich gar nicht.

T: Durch die Ablehnung wird er nicht besser. Sagen Sie zu ihm: „Ich verstehe dich und ich liebe dich!" – Wie verändert dieser Teil sich dadurch? Können Sie da etwas wahrnehmen?

K: Da wandelt sich etwas, meine Liebe kann tatsächlich überall hin reisen und wandeln. Ich spüre so eine Lebendigkeit, die ich lange nicht hatte und der Wunsch Otto weh zu tun verschwindet.

T: Und nun spüren Sie den Teil in sich, dem weh getan wurde, wo sitzt der im Körper?

K: Ich spüre einen Schmerz in der ganzen rechten Körperhälfte.

T: Und nun sagen Sie zu dem Teil „es tut mir leid und ich liebe dich" – wie verändert er sich dadurch?

K: Ich spüre Mitgefühl mit mir selbst – und gleichzeitig mit meinem Patienten. Irgendwie hat es mit tiefer Selbstannahme zu tun.

T: Zurückziehen, wenn etwas dabei ist zu sterben, kennen Sie das?

K: Ja, immer wieder sind meine Beziehungen zerbrochen. Der Schmerz der Trennung war unerträglich. Irgendwann habe ich beschlossen, mich gar nicht mehr so richtig in meine Beziehungen einzulassen, denn sie könnten ja zerbrechen und dann wäre wieder dieser Schmerz da. Irgendwann habe ich begonnen, meine Beziehungen zu einem Objekt der Erfüllung zu machen, sie zu gebrauchen, um Unterstützung, Lust, Kraft zu tanken ohne den Menschen dahinter zu sehen.

T: Wo sitzt dieser Teil, der so denkt in Ihrem Körper?

K: Ich mag aber diesen Teil nicht!

T: Darum bekommen Sie diesen Spiegel. Frei werden Sie nur, wenn Sie diesen Teil durchlieben, also wo sitzt er im Körper?

K: Ich spüre so eine Wand an meiner rechten Seite, zugleich das Gefühl, als wenn ich außer mir stehe, gar nicht in meinem Körper bin.

T: Dann sagen Sie zu der Wand an der rechten Seite „ich verstehe und ich liebe dich". Was verändert sich dadurch?

K: Ich spüre mich mehr in dem Körper integriert. Zugleich spüre ich eine Unsicherheit, eine Unbeholfenheit, die vorher nicht da war.

T: Dann sagen Sie zu der Unbeholfenheit: „Ich verstehe und ich liebe dich!"

K: Jetzt fühle ich mich sicherer und stabiler.

T: Unsere Sitzung neigt sich dem Ende zu, da die Zeit abgelaufen ist. Wir machen in der nächsten Sitzung genau da weiter, wo wir heute aufgehört haben. Das Geheimnis ist ganz einfach: Was immer hochkommt, darf sich zeigen ohne Tadel. Und Sie sagen zu ihm: Ich verstehe und ich liebe dich! Sie spüren in sich hinein, was sich dadurch in Ihrem Körper verändert. Und wenn sich die Empfindungen verwandelt haben, nehmen Sie wahr, was als Nächstes aufsteigt und machen damit Ho-op. So schälen Sie eine Zwiebelschicht nach der Anderen.

Ho´oponopono und Projektionsrücknahme – ein Praxisbeispiel

K: Wie lange sollte ich das machen?

T: Wenn es geht ständig, immer und immer wieder, bis dieses In-sich-hineinspüren und Umwandeln zu einer selbstverständlichen „inneren Bewegung" geworden ist. Ho-op ist ähnlich wie das Ausgraben eines tiefen Brunnens. Ich als Therapeut bin nur Ihr Helfer und Begleiter, damit Sie tiefer in den Ho-op-Prozess gehen können. Viele Klienten kommen zu zehn oder zwanzig Sitzungen hintereinander, um diesen Mechanismus tief in Ihrem Bewusstsein zu verankern und danach ab und zu spontan für spezielle Themen.

Wir erkennen an dem obigen Dialog, dass es im Ho-op-Prozess nicht darum geht, irgendetwas zu verurteilen. Denn aus Verurteilung entsteht Scham, entsteht Abkapselung, entsteht Verlust an Lebensenergie. Die Lösung liegt immer darin, zuerst einmal anzunehmen, was aufsteigt, WAS IMMER ES IST!!!

Wann immer du das Gefühl hast, irgendwo fest zu hängen, empfiehlt es sich, zusammen mit einem Freund, Berater, Therapeuten zu arbeiten, um das, was gerade „der Fall ist" verbalisieren zu können. Durch das einfühlsame Zuhören des Anderen öffnen sich deine inneren Schleusen und der Prozess kommt in Gang.

Der Seestern

Als der alte Mann bei Sonnenuntergang den Strand entlang ging, sah er vor sich einen jungen Mann der Seesterne aufhob und ins Meer warf. Nachdem er ihn schließlich eingeholt hatte, fragte er ihn, warum er das denn tue. Die Antwort war, dass die gestrandeten Seesterne sterben würden, wenn sie bis Sonnenaufgang hier liegen blieben. „Aber der Strand ist viele, viele Kilometer lang und tausende Seesterne liegen hier", erwiderte der Alte. „Was macht es also für einen Unterschied, wenn Du Dich abmühst?" Der junge Mann blickte auf den Seestern in seiner Hand und warf ihn in die rettenden Wellen. Dann meinte er: „Für diesen hier macht es einen Unterschied!"

(Minnesota Literacy Council, William Ashburne zugeschrieben)

Ho´oponopono und die Arbeit mit den Zwischenräumen

Ho´oponopono und die Arbeit mit den Zwischenräumen

In meiner Coaching-Praxis beginne ich damit, dass ich mir vorstelle, dass der Konflikt direkt vor mir bzw. dem Klienten steht. Handelt es sich um eine Person, stelle ich mir vor, diese sei jetzt da, sage zum Beispiel zum Klienten: „Stellen Sie sich vor, Ihr Vater/Partner/Kollege, Mutter etc. steht vor Ihnen und schaut Sie an." Handelt es sich um ein generelles Thema wie z. B. Komplexe, Ängste, Gier stelle ich mir vor, dass das, was genau dieses Thema auslöst vor mir bzw. dem Klienten steht. Ich stelle mir die Begegnung so vor, dass sie den *sensitiven Punkt* trifft, dass das, was zu lösen ist, getriggert wird.

Ich spüre dann in meinen Körper hinein, wo in meinem Körper das Muster getriggert wird (bzw. bitte den Klienten dies zu tun), also z. B. der Bauch. Und dann frage ich mich bzw. den Klienten: „Nehmen wir einmal an, diese Stelle im Körper könnte sprechen, was würde sie sagen?" Ich spreche diese Worte laut aus, zum Beispiel „ich fühle mich unterlegen", „ich bin einsam" oder was auch immer. Hier erhalte ich all die Glaubenssätze, die ich allesamt mit den magischen vier Formeln transformieren kann. Ich spreche all das aus (bzw. lasse den Klienten all das aussprechen), was hochkommt. Und während ich dies geschehen lasse, wird die „innere Person", der Aspekt, der „betroffen" d. h. „der Fall" ist, spürbar, er breitet sich aus, wie ein Geruch, der sich im Raum ausbreitet. Er zeigt sich mit all seinen Seiten, auch seinen Unvollkommenheiten.

Und dann spreche ich das magische Wort „es tut mir leid" und „ich liebe dich" (bzw. lasse es aussprechen). Hierbei geht es nicht darum, diesen Satz stereotyp zu wiederholen, sondern der Satz muss den inneren Anteil, der betroffen ist, berühren, also spreche ich subcutan. Ich spüre nach jedem Satz hin „wie geht es jetzt diesem betroffenen Anteil in mir bzw. dem Klienten"?

Es kann sein, dass dieser Teil erst einmal völlig zusammensackt. Das ist dann eine vorübergehende, heilsame Erstverschlimmerung. Diese schadet nichts, ich bleibe dann dabei mit allem Mitgefühl und aller Liebe, die der Schöpfer durch mich hat. Es kann auch sein, dass eine sofortige Erleichterung eintritt. Ich achte in dieser Phase insbesondere darauf, wie sich jetzt der (Prana)Raum zwischen meiner inneren und der äußeren Person bzw. mir und dem Klienten verändert.

Ich nehme insbesondere wahr, wie es den Empfindungen in dem Raum geht, ob die Schilde schmelzen, die Empfindungsfähigkeit sich steigert. Ich achte nicht weiter auf die nach außen projizierten Auslöser-Fixierungen, sondern bleibe bei den eigenen inneren Vorgängen.

Wir können uns die Gedankenformen „es tut mir leid" und „ich liebe dich" als Medikament oder als Energiekügelchen vorstellen, das sich mit jedem Mal sprechen an dieser Körperstelle auflöst.

Irgendwann beobachte ich, dass diese innere Person, dieser Aspekt, diese Körperstelle, dieser Zwischenraum auf das Befragen wie es geht, beginnt positive Glaubenssätze zu formulieren wie „mir geht es gut", „ich bin selbstbewusst", „ich kann mir vertrauen" usw. Die Körperstelle bzw. die Situation beginnt zu „pulsieren" vor Lebendigkeit. Dies ist dann der Augenblick, um zu danken.

Wir haben einen Teil in uns neu programmiert in die Ganzheit hinein. Es ist wie das Einrenken beim Masseur. Wir spüren, dass das neue Gefühl passt, und uns bzw. den Klienten als eins mit dem Kosmos vibrieren lässt. Es ist eine Reise, kein Ergebnis. Indem wir aufhören, uns gegen diese Lebendigkeit zu sperren und damit auch gegen die Tatsache, dass Leben ein Prozess ist, erfahren wir das Wunder am Leben zu sein und in dieser Schönheit, erfahren wir unser eigenes Pionier-Sein. In der praktischen Anwendung von Augenblick zu Augenblick wird dann unser Leben zum „Zeichnen ohne Radiergummi" – wir haben ein Werkzeug, mit dem wir live arbeiten. Es wird Zeit, dass wir Kinder der Zeit erwachsen werden, statt uns zu „beschweren".

Einen Fokus für jemand anderen halten –
die hohe Schule des Befähigens

In meine Praxis kam eines Tages ein schwer übergewichtiger Mann und erzählte mir, er wolle 30 Pfund abnehmen und binnen zwölf Monaten schlank und fit sein. Da ich die Ess- und Lebensgewohnheiten dieses Mannes kenne, dachte ich mir gleich: „Das schafft der nie!"

Zugleich mit diesem Gedanken spürte ich aber auch einen leichten Schmerz, eine Enge, die mich darauf aufmerksam machte, was ich gerade tat: Negative Zuschreibung, negative Projektion, also genau das, was wir in unserer Beraterpraxis am wenigsten gebrauchen können. In mir meldete sich Bedauern für diesen abfälligen Gedanken und ich begann sofort Ho'oponopono mit diesem Gedanken (mit mir selbst) zu machen:

- Es tut mir leid (dass ich nicht das Potenzial zum Erfolg sehen kann/dass ich solche Gedanken habe).

- Bitte verzeih mir (dass ich solche Gedanken habe; ich lösche diesen abfälligen Gedanken).

- Ich liebe dich (ich weiß, dass die Vision dieses Mannes im Feld seiner Möglichkeiten vorhanden ist, ich muss nicht wissen, wie dieser Mann es schafft seine Traumfigur zu erreichen, aber ich weiß, *dass* es möglich ist).

- Danke (ich verharre in der Lücke/Gedankenstille und warte bis das "danke" sich von selber meldet).

Nachdem ich Ho-op mit meinen eigenen Gedanken gemacht habe, konnte ich sehr klar sehen, dass es möglich ist, dass dieser (noch) übergewichtige Mensch in zwölf Monaten seine Traumfigur hat. Ich kann es deutlich sehen, ich kann seinen gestählten Six-Pack-Bauch sehen und seine Fitness und sie wieder und immer wieder sehen, egal, was mir die scheinbare "Realität" im Außen spiegelt.

Einen Fokus für jemand anderen halten – die hohe Schule des Befähigens

Wir dürfen uns von der "Realität" nicht täuschen lassen, sondern ungeachtet dessen können wir vibrieren, was unserem Ideal entspricht. "Einen Fokus halten für" ist verwandt mit dem "Befähigen", wie es in meinem Buch „Ho´oponopono und die Kraft der Selbstverantwortung" beschrieben ist. Jedoch ist es konzentrierter, kompakter, anhaltender.

Das Ausmaß, mit dem wir "einen Fokus halten können für ..." hängt von unserer eigenen Tiefe und Standfestigkeit ab. Und natürlich können wir "einen Fokus halten für" ständig anwenden, in jeder Lebenssituation. Es ist keine mentale Sache, es ist ein "Nebenprodukt" des universellen Mitgefühls, das potenziell in jedem von uns vorhanden ist.

Dies erinnert mich an eine Aussage des Geistheilers Bruno Gröning. Als er einmal mit einem "ungläubigen" Patienten konfrontiert wurde, sagte Gröning zu ihm: "Wenn es sein muss und Sie nicht glauben können, dann glaube ich auch noch für Sie". Einen Fokus für jemanden zu halten, bedeutet, nicht nur an, sondern auch für ihn zu glauben!

„Einen Fokus halten für ..." kannst du einsetzen zum Segen *jedes* Menschen, der uns begegnet. Wenn dein Glaube tief in das Potenzial deiner Nächsten und Liebsten hereinreicht, dann offenbaren sich tägliche Wunder.

Ist dir eigentlich bewusst, wie sehr du Schicksal gestaltest? Tief aus dem Inneren der Erde erfolgt ein universeller Ruf danach, Pionier einer neuen Zeit zu sein. Es ist ein tiefes Herabbeugen zur Quelle, ein Speisen, ein Nähren, ein Einander- geben. Die Lösung für den Geist der neuen Zeit liegt im Miteinander. Der Avatar der neuen Zeit ist der Geist, der sich in der liebenden Beziehung von Mensch zu Mensch zeigt, wenn zwei oder drei im Namen des Einen versammelt sind Der Avatar der neuen Zeit kann nur durch uns alle wirken oder es wird keinen geben ...

Einen Fokus für jemand anderen halten – die hohe Schule des Befähigens

Einstellung

Je länger ich lebe, um so mehr begreife ich die Wirkung, die unsere persönliche Einstellung auf das Leben hat. Persönliche Einstellung ist für mich wichtiger, als Tatsachen. Sie ist wichtiger, als die Vergangenheit, als Erziehung, als Geld, als Umstände, als Erfolge, als das, was andere Menschen sagen oder tun. Sie ist wichtiger als Ansehen, Begabung oder Können.

Persönliche Einstellung ist das A und O für einen Menschen, ein Unternehmen eine Gemeinde oder eine Familie. Bemerkenswert daran ist, dass wir jeden Tag neu entscheiden können, mit welcher Einstellung wir dem Tag begegnen wollen.

Wir können unsere Vergangenheit nicht verändern, wir können auch die Tatsache nicht verändern, dass Menschen in einer bestimmten Weise handeln werden. Wir können nur eins tun, auf der einzigen Saite zu spielen, die wir haben und das ist unsere persönliche Einstellung.

Ich bin davon überzeugt, dass mein Leben zu 10 Prozent aus dem besteht, was mit mir geschieht und zu 90 Prozent aus dem, wie ich damit umgehe und darauf reagiere. Das gilt auch für Sie, auch Sie können Ihre persönliche Einstellung korrigieren und verändern.

(Charles Swindoll)

Einen Fokus für jemand anderen halten – die hohe Schule des Befähigens

Widerstand bewusst machen – und loslassen

Wenn wir aus einer schwierigen Situation herauskommen wollen, ist es unumgänglich, den Widerstand gegen das Symptom bzw. die Situation loszulassen. *Widerstand* ist eine typische Reaktion auf Schwierigkeiten, doch damit sperren wir uns gegen die heilende Botschaft, die in ihm verborgen ist. Wir sagen damit: „Die Schwierigkeit, das Symptom, die Krankheit sollte nicht sein, alles sollte so bleiben wie es ist, auch die Botschaft, die zu einer Veränderung aufruft sollte nicht sein."

Jeder Widerstand hält uns in dem Symptom/Problem gefangen. Hierzu hatte ich einmal einen interessanten Traum: Ich war ein Adler in einem Käfig. Die Tür war klein, aber stand offen und ich stand an der Schwelle und überlegte, ob ich mich als Adler durch die viel zu kleine Türe zwängen könnte. Während ich darüber nachdachte, verblassten die Gitterstäbe und der Käfig verschwand. Ich musste mich durch keine Türe zwängen, sondern es war, als sei der Käfig nur eine Fata Morgana gewesen. Meine Flügel waren noch schwach, aber intakt. Ich fühlte meine Flügel noch nicht bis zum Ende der Schwingen, sie waren noch taub, vielleicht so wie ein Fuß oder eine Hand die „eingeschlafen" war, aber meine Lebensenergie begann langsam sich den Weg durch die Schwingen zu bahnen.

Mir kamen zu diesem Traum folgende Gedanken: Um Widerstand loszulassen, müssen wir uns erst einmal bewusst machen, dass wir so einen Widerstand überhaupt haben, dass wir „im Widerstand sind" und diesen Widerstand bewusst an die höhere Intelligenz abgeben, damit die blockierte Energie sich ausdrücken, ihre Botschaft freigeben und Heilung einsetzen kann. Wenn wir den Käfig auflösen wollen, können wir dies nur, indem wir das Leben annehmen und in unsere Schwingen – unsere Gefühle – hineinfühlen, so wie sie sind. Der Käfig ist unser „dagegen sein", gegen das „was ist". Die viel zu enge Tür sind vielleicht unsere Disziplinen, die uns frei machen sollen, unser Retreat, unsere Zeit der Meditation, die aber nur vielleicht morgens oder abends stattfindet.

Widerstand bewusst machen – und loslassen

Sollen in Wollen verwandeln

Manchmal denken wir vielleicht, wir sind im falschen Film. Wir finden uns in einer Lebenssituation vor, in der wir unter Druck, aus Pflicht oder unter moralischem oder tatsächlichem Zwang leben müssen und das Gefühl haben, das „Sollen" erdrückt unser „Wollen". Nun ist aber das „Sollen" automatisch die Haltung eines Opfers und dämpft unsere Lebenslust auf das Empfindlichste. Wie kommen wir aus dieser Falle?

▶ Hier setzt Ho-op an, indem du die vier Formeln auf den Widerstand, auf die innere Resonanz zu dem Thema anwendest.

Erst einmal ist es in so einer Situation wichtig, dass wir den Teil, der überhaupt nicht einer Lebenssituation sein möchte, der alles, was ihn gerade umgibt schrecklich findet, ausfindig machen. Wo sitzt er im Körper? Wie ist das Grundgefühl? Wie fühlt sich dieses Grundgefühl im Körper an?

Wir machen „Focusing" bis wir genau definiert haben, was wir fühlen. Wir gehen also nicht auf den rasenden Verstand ein, der einfach nur sagt „nein, nein, nein", sondern wir fühlen, was wir fühlen, wir fühlen den Teil, der in Ablehnung steht mit dem, was ist. Ich nenne diesen Teil den „aversiven Teil".

Und dann sagen wir zu diesem Teil „es tut mir leid – bitte vergib mir – ich liebe dich – danke" und machen mit diesem Teil in uns so lange Ho-op, bis sich unser Grundgefühl geändert hat. Es kann sein, dass dann ein neues Grundgefühl aufsteigt. War es zuerst Wut und Aggression, finden wir darunter vielleicht Trauer und Schmerz. Dann machen wir damit Ho-op und schälen so eine Gefühlsschicht nach der anderen, bis irgendwann statt dem aversiven Teil der Teil auftaucht, der genau in der Lebenssituation sein möchte, in der wir gerade sind, der genau diese Situation kreiert hat.

In dem Augenblick haben wir einen Quantensprung vollzogen – vom Opfer zum Täter, vom Nein zum Ja, von der Sinnlosigkeit zum Sinn. Natürlich können wir dieses Ja zu der eigenen Kreation verstärken, indem wir uns fragen „aus welchen Gründen könnten wir dies kreiert haben"[20], doch wichtiger erscheint mir das gefühlsmäßige Wunder, das durch diesen Wechsel in der Identifikation entsteht

---

[20] dieses Nachfragen wird u. a. in dem Buch Cosmic Ordering von Bärbel und Manfred Mohr gelehrt

- aus „sollen" wird „wollen"
- aus „das habe ich nicht kreiert" wird „ja, das habe ich kreiert"
- aus Ohnmacht wird Macht

Die Macht, die daraus erwächst ist nicht eine Macht über andere Menschen. Sondern es ist die Macht, vom „Nein zum Leben" zum „Ja zum Leben" zu springen. Durch das „Ja zum Leben" sind wir wieder eingebunden in das „wissende Feld" – die Türe zur Kreativität ist wieder geöffnet und der Adler fliegt wieder.

Widerstand bewusst machen – und loslassen

Ho´oponopono für Kranke

Wenn wir in einer schweren Krankheit oder Lebenskrise sind, ist es erst einmal wichtig, sich so anzunehmen, wie man ist. Um uns selbst zu heilen, müssen wir auch den Teil, der krank ist, erst einmal akzeptieren, annehmen und in Frieden kommen mit dem „was ist".

Was unsere Genesung behindert, ist in erster Linie der, im letzten Kapitel erwähnte, Widerstand gegen das „was ist", also unsere ungelöste Einstellung und erst in zweiter Linie das Symptom oder die Krise selbst.

Wir müssen erst einmal mit dem „was ist" in Frieden kommen, damit Heilung entstehen kann. Bekanntlich ist es so, dass wir immer verlieren, wenn wir uns mit der Realität anlegen. Wenn wir also glauben, unsere Galle sollten nicht schmerzen und sie tut uns weh, dann werden wir verlieren, denn die Realität ist, dass die Galle schmerzt. Wenn wir glauben, wir sollten körperlich fitter sein und sind es nicht, werden wir ebenfalls leiden. Um deine Selbstheilungskräfte zu fördern, prüfe an dieser Stelle ob du zu deinem Symptom/deiner Krise eine problematische *Einstellung* hast und bearbeite diese mittels Ho-op. Hierbei ist es wichtig, ehrlich gegenüber sich selbst zu sein und Widerstand aufzudecken.

▶ Wenn du den Gedanken hast ... (Krankheit/Krise) sollte nicht sein, sage zu deinem eigenen Widerstand: „Es tut mir leid – bitte vergib mir – ich liebe dich – danke".

Es gilt, zu dem, was wir erleben, eine ganzheitliche Haltung zu gewinnen, die uns einbettet mit dem großen Ganzen. Jeglicher Groll, Hader oder Zorn gegenüber Gott/dem großen Ganzen ist extrem kontraproduktiv. Dies bedeutet nicht, die Symptome einfach nur zu verdrängen und so zu tun als wäre nichts.

Die Lösung liegt darin, erst einmal komplett loszulassen und in den Urgrund des Seins einzutauchen. Hierfür hilft es, in die Stille zu gehen, unterstützt von der Prämisse „lass alles so, wie es ist – habe keine Beziehung zu Gedanken". Der Urgrund des Seins trägt uns, sobald wir es aufgeben „gegen etwas" zu agieren. Indem wir das Leben (und auch die Existenz des Symptoms) annehmen „wie es ist" gelangen wir sehr schnell in Kontakt mit dem Urgrund des Seins und die Heilung des Bewusstseins und des Körpers kann sich beschleunigen. Ein erfahrener Arzt, Klaus-Dieter Platsch schreibt:

„*...Genau an dieser Stelle haben viele Menschen Schwierigkeiten, wenn einmal etwas geschieht, was sie nicht möchten, sei es Leid, Schicksal oder Krankheit. Doch genau dieses „Hadern" hält uns in unserer eigenen Privat-Hölle gefangen. Wenn wir das, was wir gerade erleben, die Krankheit, ablehnen, sie moralisch bewerten als schlecht oder böse oder als etwas, das nicht sein sollte, dann spalten wir uns innerlich in einen Teil, der gesund sein möchte und einen anderen Teil, der in der Krankheit fest hängt. ... In der konventionellen Medizin betrachten wir die Krankheit oft als einen Feind, den wir loswerden möchten ...Wir wollen die Krankheit nicht haben, sie zum Verschwinden bringen. Dadurch spalten wir jedoch einen Teil ab. Wenn wir aber die Krankheit vom Menschen abspalten, dann ist er nicht mehr ganz, weil in dem Moment des Krankseins die Krankheit zu ihm gehört – zu seiner Ganzheit.*"[21]

Nach der Akzeptanz liegt der nächste Schritt für die Auflösung des Konflikts mit einem Symptom oder einer Krise darin, anzuerkennen, womit du in Konflikt stehst (das Symptom oder die Krise) und sich selbst ungeachtet dieses Konfliktes ebenso zu lieben wie die zu meisternde Aufgabe, die sich aus dem Konflikt ergibt. Sehr häufig neigen wir zu *Selbsthass*, sobald wir nicht gesund oder in einer Krise sind – wir jedoch brauchen *Selbstliebe*, um zu heilen bzw. zu transformieren. *Deshalb arbeite ergänzend mit der folgenden Autosuggestion:*

▶ „Auch wenn ... (Symptom oder Krise), akzeptiere ich mich voll und ganz."

Die moderne Psychologie nennt solche Realisierungen „Versöhnungsformeln". Verinnerliche diese Formeln. Vollziehe diese geistig. Damit hast du schon einmal einen wichtigen Schritt in Richtung deiner Heilung getan: Selbstannahme, Versöhnung. Psychosomatisch zeigt die Krankheit, dass in dem symbolisierten Lebensbereich das wahre Selbst, die Quelle des Menschen sich nicht frei agieren kann. Bei einem Leberproblem symbolisiert es beispielsweise die

---

[21] Platsch, Klaus-Dieter, Liebe die größte Heilkraft, in: Iding, Doris, Quellen der Heilung, Theseus Verlag 2007, weitere Informationen unter www.drplatsch.de

Unfähigkeit, Eindrücke in Glück und Energie zu transformieren, bei einem Gallenproblem die Schwierigkeit, in einem fließenden inneren Frieden zu sein usw. *Und auch hier hilft Ho-op:*

▶ „Es tut mir leid" bedeutet: Wir sind bereit, unsere Gefühle voll zu fühlen, insbesondere solche, die hinter dem Symptom verborgen sind.

Viele Menschen haben Angst, sich dem Schmerz, dem Symptom, der Krise und der darin verborgenen Botschaft zu öffnen, weil sie glauben, dies würde zusätzliche Schmerzen erzeugen und ihre Krankheit bzw. die Situation nur noch verschlimmern. Doch das Gegenteil ist der Fall – in der Auflösung des Widerstandes liegt die Lösung. *„Wenn wir die Krankheit als das annehmen, was sie ist, bleiben wir in uns selbst, selbst wenn wir uns nicht wohlfühlen. Wir bleiben ganz und ein einer Weise auch heil. Dann hat unser Organismus die Möglichkeit, viel mehr Kraft in den Heilungsprozess zu geben, als dass er an Kraft verliert, indem er die Krankheit von sich abspaltet."*[22]

---

[22] Platsch, Klaus-Dieter, Liebe die größte Heilkraft, in: Iding, Doris, Quellen der Heilung, Theseus Verlag 2007, weitere Informationen unter www.drplatsch.de

Ho´oponopono für Ärzte/Therapeuten

Vor Entdeckung der Quantenphysik glaubte man, dass der Arzt bzw. Heiler/Therapeut auf den Genesungsprozess des Patienten keinen direkten Einfluss habe. Entscheidend sei die Methode bzw. das Medikament. Heute wissen wir, wie wichtig die *Wechselwirkung* zwischen Arzt/Therapeut und Patient ist:

„So wie man den Menschen als multidimensionales Feld betrachten kann, so ist auch die Begegnung oder das Zusammen-Sein eines Arztes mit einem Patienten oder einer Patientin nicht nur eine Begegnung zweier Körper und zweier Verstandesmuster, sondern es ist ein Zusammenkommen im Sinne eines Feldgeschehens.

Wenn wir keine Festlegungen machen, wie eine Krankheit zu verlaufen hat, kann sich in diesem Feld jede Heilungsmöglichkeit realisieren.

Und die größte Kraft in diesem heilenden Feld ist die Liebe. Weil in diesem Feld die Liebe von Herz zu Herz schwingt. Meiner eigenen Erfahrung nach ist die Liebe das Heilsamste überhaupt. Es gibt keine größere Heilkraft als sie. Sie fließt zwischen dem Wesen des Patienten und dem Wesen des Arztes von Herz zu Herz. Mein Fokus richtet sich auf das Göttliche im Patienten. Wenn man mit einem Menschen zusammen ist, tiefe Liebe zum Leben in sich und zum Patienten spürt, wandelt sich etwas in der Atmosphäre – es entsteht Resonanz.“[23]

Offenbar richtet sich die moderne Heilung auf das Göttliche und die Liebe – faszinierend, dass darüber sogar ein Arzt berichtet. Die Resonanz zwischen Arzt/Therapeut und Klient kann zur Heilung entscheidend beitragen:

Und genau diese Resonanz der Liebe ist tiefste Heilkraft ...Jenseits der Liebe im heilenden Feld schwingt aber noch etwas Anderes. Es ist jene universelle Liebe, die tiefste Verbundenheit zu allem, was ist ... Das spürt der Patient auch. Dies ist eine besondere Qualität. Liebe ist ein fundamentales Ja. Ein Ja zum Leben. ...In dem Augenblick, in dem wir aus der Bewertung herausgehen können, kommen wir mit der Liebe in Kontakt. Liebe wertet nicht, sondern

---

[23] Quelle Platsch, Klaus-Dieter, Liebe die größte Heilkraft, in: Iding, Doris, Quellen der Heilung, Theseus Verlag 2007, weitere Informationen unter www.drplatsch.de

nimmt an ... *Im innersten Kern ist jeder Mensch vollkommen heil. Und es gibt keinen Menschen, der das nicht ist. Und das, was in der Tiefe immer heil und ganz ist, zum Ausgangspunkt eines Heilungsprozesses zu machen, ist das Allerbeste, was wir tun können. Das heißt mit diesem Heilkern in sich selbst in Berührung zu kommen, mit ihm in Kontakt zu kommen, ihn als eine Kraftquelle zu nehmen, die alles andere durchdringt ... Ihr Geschmack ist jene universelle Liebe, aus der heraus nicht ich als Arzt heile, sondern ES heilt."*[24]

Joachim Faulstich beschreibt das heilende Feldgeschehen zwischen Arzt und Patient auf ähnliche Weise:

„Jede Heilbehandlung gleicht einem <u>Theaterstück</u>, bei dem sich die Zuschauer zunächst vollständig in den Bann der Schauspieler und der Handlung begeben. Eine große Zahl der Theaterbesucher fühlt sich vielleicht besonders von alten, überlieferten Stücken berührt, vielleicht, weil die Themen und ihre Darstellung in den tiefen Ebenen der Seele ihre Entsprechung findet. Für einen anderen Besucher wiederum könnte eine werkgetreue Aufführung des Stückes, in alten Kulissen und alten Kostümen, ein Gefühl des Anachronistischen hervorrufen, die Verkleidung der Schauspieler würde er als Mummenschanz erleben und die eigentliche Botschaft des Stückes deshalb ablehnen. Die Künstler der Heilung müssen sich darauf einstellen, ihre Botschaft in immer anderem Gewand dem Patienten nahe zu bringen: Mit alten Ritualen ebenso wie mit modernen, die wir aus den Praxen und Krankenhäusern gewohnt sind."[25]

Hier wird die Heilkunst in die Nähe der Kunst gerückt, ebenso, wie wir Therapie oder auch die Anwendung von Ho-op als eine Kunst betrachten können:

Heiler und Schamanen sind eher die Vertreter alter Inszenierungen und überlieferter Schauspiele, Ärzte hingegen Regisseure modernerer, beinahe nüchterner Inszenierungen und moderner Stücke. Beide Gruppen aber müssen gleichermaßen das Skript der Heilung auf der Bühne ihrer Praxis zum Leben erwecken, und manchmal werden sie enttäuscht feststellen, dass ihre Kunst die Besucher nicht erreicht. In diesem Fall müssen die Behandlungen scheitern und eine Heilung kann nicht geschehen. Die moderne medizinische Forschung

---

[24] Quelle Platsch, Klaus-Dieter, Liebe die größte Heilkraft, in: Iding, Doris, Quellen der Heilung, Theseus Verlag 2007, weitere Informationen unter www.drplatsch.de
[25] Quelle: Platsch, Klaus-Dieter, Liebe die größte Heilkraft, in: Iding, Doris, Quellen der Heilung, Theseus Verlag 2007

hat gezeigt, dass die Inszenierung, also die Vermittlung von Sinn, für das Kunstwerk entscheidend sein kann. ... Der Künstler muss von seiner Arbeit vollständig überzeugt sein... Im Patienten wird dann die <u>Kraft der Aufführung</u> für lange Zeit nachwirken, im Idealfall wird sie ihn verwandeln und die Heilung in ihm in Gang setzen." [26]

Der nachfolgende Artikel zeigt, wie sehr die Angst des Arztes beispielsweise im Falle einer Tumorerkrankung, einen Krankheitsverlauf negativ beeinflussen kann:

„Die Angst vor dem Tumor ist meist verbunden mit der Angst vor dem Sterben. Die Ärzte haben dieselbe Angst, weil sie sich dem Tumor gegenüber ohnmächtig fühlen. Sie denken, dass sie diesem Menschen sowieso nicht mehr helfen können. Eine solche Haltung der betroffenen Patienten wie auch der Ärzte beeinflusst aber den ganzen In-Formationsprozess dahingehend, dass sich genau das realisiert, was im Feld an Ängsten, Vorstellungen, Prognosen, Statistiken und Krankheitsverläufen gespeichert ist ... Wir wissen heute, dass es auch bei wissenschaftlichen Untersuchungen keinen objektiven Beobachter gibt, weil der Beobachter selbst – ob bewusst oder unbewusst – das ganze System beeinflusst." [27]

Wenn ich weiß, dass es darauf ankommt, was ich als Arzt, Heilpraktiker, Heiler, Therapeut, Berater vibriere, dann verantworte ich meine Resonanz auf den Patienten und meine Resonanz zu ihm. Mit allem, was in mir sich dagegen stellt, bedingungslose Liebe zu vibrieren, wende ich die vier Formeln von Hoop an:

- Es tut mir leid

- Bitte vergib mir

- Ich liebe dich

- Danke

---

[26] Quelle: Platsch, Klaus-Dieter, Liebe die größte Heilkraft, in: Iding, Doris, Quellen der Heilung, Theseus Verlag 2007
[27] Quelle: Faulstich, Joachim, das heilende Bewußtsein, Knaur Verlag München, 2006, S. 271

Lieben heißt die Angst verlieren

Liebe und Angst sind gegensätzliche Energien, die nicht gleichzeitig existieren können. Jede Angst zieht zwangsläufig das nach sich, was sie befürchtet. Um die Angst vor der Krankheit und vor dem Tod zu überwinden, sollten wir uns daher, wie es in anderen Kulturen seit Jahrtausenden üblich ist, bewusst mit der Vergänglichkeit auseinandersetzen, eine liebevolle und entspannte Haltung zu Vitalität wie zu Krankheit, zu Leben wie zu Tod gewinnen und so Befreiung zu Lebzeiten anstreben.[28]

Übung: Richte deine Aufmerksamkeit auf das Symptom des Patienten (bzw. das eigene). Und nun nimm deinen eventuellen Widerstand gegen den Patienten/das Symptom wahr. Erlebe isoliert von dem Symptom, dieses „ich will das aber nicht haben". Und dann wende auf diese Resonanz/diesen Widerstand die vier Formeln von Ho-op an. Beobachte, was daraufhin geschieht. Normalerweise öffnet sich genau zu diesem Zeitpunkt deine Intuition für die hinter dem Symptom liegenden Zusammenhänge und Ursachen (s. dazu auch das Kapitel über Intuition).

---

[28] ein hilfreiches Buch für diese Auseinandersetzung ist das Buch „Tod und Sterben - ein Geschmack der Ewigkeit", von Klaus-Dieter Platsch, Bernard Jakoby, Willigis Jäger, Annette Kaiser, Verlag Klaus-Dieter Platsch, November 2003

Ho-op mit aggressiven Patienten, Klienten oder Bezugspersonen

Manchmal haben wir Patienten, Klienten oder Bezugspersonen, die uns persönlich angreifen, obwohl wir ihnen gerade helfen wollen. Wir öffnen unser Herz, bieten Unterstützung an, doch was immer wir tun, der andere attackiert uns: „Sie sind unfähig; Sie machen die falsche Intervention; Sie sind viel zu unfähig, um mir zu helfen. Sie haben eben wieder alles falsch gemacht!".

Die Falle liegt darin, diese Attacken persönlich zu nehmen. Wenn wir als Therapeut/Berater oder Helfer selbst bedürftig sind, weil wir z. B. uns vom Patienten/Klienten/Bekannten Zustimmung oder gar Bewunderung erwünschen, fallen wir auf die Attacke herein und fühlen uns selbst blockiert und zeigen uns als „hilfloser Helfer[29]".

Ho-op mit aggressiven Patienten/Klienten/Bekannten zu machen bedeutet, bei sich selbst zu bleiben. Das, was sich gerade als Aggression oder Angriff auf den Therapeuten/Berater/Helfer ausdrückt, ist oftmals psychischer Teil der Krankheit und möchte ebenfalls geheilt werden. Vielleicht verwechselt der Patient/Klient/Bekannte uns gerade mit DEN Männern (wenn wir ein Mann sind), mit DEN Frauen (wenn wir eine Frau sind), mit dem eigenen Vater, der eigenen Mutter oder einer früheren unangenehmen Erfahrung, die noch in den Zellen schwingt.

Die Lösung finden wir, indem wir in der Situation des Angriffs Ho-op mit uns selbst machen. Dies bedeutet, nicht auf den „Kopfkrieg" einzugehen, den der Klient/Patient/Bekannte anbietet, sondern zu fühlen „was fühle ich als Berater/Therapeut/Freund während der andere mich angreift?". Fühle ich Angst, dann sage ich zu meiner eigenen Angst „ich verstehe und ich liebe dich". Fühle ich Schock, dann sage ich zu dem Teil in mir, der gerade unter Schock steht „ich verstehe und ich liebe dich". Sobald ich als Therapeut/Berater/Helfer in so einer Situation *für mich selbst* da bin, strahle ich dieses „für sich selbst da sein" aus. Ich komme ins Mitgefühl, ein echtes Mitgefühl, kein Mitleid, sondern Empathie, eine Empathie, die nicht verstrickt ist. Ich spüre die Mitte in mir,

---

[29] s. dazu Schmidbauer, Wolfgang, Die hilflosen Helfer, Rowohlt Verlag 1998

bleibe in meiner Mitte. Und aus dieser Mitte heraus kann ich dem anderen vielleicht sogar sagen „ich lade dich ein, einmal deine Wut ganz bewusst zu fühlen, statt sie einfach nur herauszuschleudern, mit deiner Wut zu sein, dich in ihr auszudehnen und wahrzunehmen, was dies mit dir macht". So schaffe ich den Raum, in dem Wut bewältigt werden kann – weder wird sie verdrängt noch wird sie einfach nur ausagiert – ich lerne, in der Mitte zu bleiben angesichts von Wut, indem ich mir selbst ein Vorbild bin und liebevoll damit umgehe, das jemand in meiner Nähe ausrastet.

Ich selbst habe mir für solche Situationen folgenden Gedanken zurecht gelegt: „Aha, der Andere projiziert gerade Wut (bzw. Versagen) auf mich – ok, jetzt habe ich eine Möglichkeit, meine Angst vor Wut und meine Angst vor Versagen zu spüren und zu konfrontieren und dafür da zu sein! Der Andere bin ich, ist ein Gedanke in mir, ist etwas in mir, das heilen möchte!"

Vielleicht kann ich durch meine Entspannung die Chance für mich und den anderen sein. Manchmal ergibt sich daraus ein entscheidendes Gespräch – manchmal bin ich sogar so entspannt, dass ich dem vor Wut Schäumenden ein Glas Wasser anbieten und ihm so helfen kann, von seinem „Trip" herunter zu kommen.

Aus der Sicht von Ho-op bedeutet dies: Der Patient kommt nur zum Therapeuten, damit der Therapeut wieder ein Stück heiler werden kann, der Bekannte meckert mit mir, damit ich ein Stück genesen kann ...

Ho-op und Validation

In der kleinen Stadt in der ich wohne, gibt es ein Altersheim. Manchmal kommt es vor, dass eine demenzkranke Frau, die dort wohnt am Bürgersteig, im Cafe oder am Zebrastreifen steht und nicht mehr weiß, wer sie ist, wo sie wohnt und wo sie hin wollte. Bevor ich Ho-op kennen lernte und etwas über Validation erfuhr, fiel es mir sehr schwer, mit dieser Frau so umzugehen, wie sie es verdient hätte. Ich organisierte zwar jemanden, der sie zum Altersheim zurück brachte, aber ich spürte, dass mein Mitgefühl noch größer hätte sein können. Eines Tages sah ich in YouTube ein Video mit dem Titel „Validation"[30]. Dieses hatte mich ermuntert, neu hinzufühlen, meinen Standpunkt neu zu überdenken und zu überlegen, wie man die Arbeit mit Demenzkranken mit Ho-op verbinden könnte. Also begann ich, die Validation-Arbeit zu studieren.

Die Methode der Validation(-Arbeit) wurde von Naomi Feil[31] entwickelt und geht davon aus, dass demenzkranke Menschen danach streben, die unerledigten Aufgaben ihres Lebens noch aufzuarbeiten. Wenn das Kurzzeitgedächtnis nachlässt, versuchen ältere Erwachsene, ihr Leben wieder in ein Gleichgewicht zu bringen, indem sie auf frühere Erinnerungen zurückgreifen. Schmerzliche Gefühle, die ausgedrückt, anerkannt und von einer vertrauten Pflegeperson validiert werden, werden schwächer. Schmerzliche Gefühle, die man ignoriert und unterdrückt, werden stärker. Einfühlung/Mitgefühl führt zu Vertrauen, verringert Angstzustände und stellt die Würde wieder her. Insgesamt gibt es zehn Grundsätze für die Arbeit mit Demenzkranken:

o Alle Menschen sind einzigartig und müssen als Individuen behandelt werden.

o Alle Menschen sind wertvoll, ganz gleichgültig, in welchem Ausmaß sie verwirrt sind.

o Es gibt einen Grund für das Verhalten von verwirrten, sehr alten Menschen.

---

[30] http://www.youtube.com/watch?v=Cbk980jV7Ao
[31] Naomi Feil: *Validation – Ein Weg zum Verständnis verwirrter alter Menschen.* 7. Auflage. Ernst Reinhardt Verlag, München 2002, ISBN 3-497-01633-0.

- o Verhalten im sehr hohen Alter ist nicht nur eine Folge anatomischer Veränderungen des Gehirns, sondern das Ergebnis einer Kombination von körperlichen, sozialen und psychischen Veränderungen, die im Laufe eines Lebens stattgefunden haben.
- o Sehr alte Menschen kann man nicht dazu zwingen, ihr Verhalten zu ändern. Verhalten kann nur dann verändert werden, wenn die betreffende Person es will.
- o Sehr alte Menschen muss man akzeptieren, ohne sie zu beurteilen.
- o Zu jedem Lebensabschnitt gehören bestimmte Aufgaben. Wenn man diese Aufgaben nicht im jeweiligen Lebensabschnitt schafft, kann das zu psychischen Problemen führen.
- o Wenn das Kurzzeitgedächtnis nachlässt, versuchen ältere Erwachsene, ihr Leben wieder in ein Gleichgewicht zu bringen, indem sie auf frühere Erinnerungen zurückgreifen. Wenn die Sehstärke nachlässt, sehen sie mit dem "inneren Auge". Wenn ihr Gehör immer mehr nachlässt, hören sie Klänge aus der Vergangenheit.
- o Schmerzliche Gefühle, die ausgedrückt, anerkannt und von einer vertrauten Pflegeperson validiert werden, werden schwächer. Schmerzliche Gefühle, die man ignoriert und unterdrückt, werden stärker.
- o Einfühlung/Mitgefühl führt zu Vertrauen, verringert Angstzustände und stellt die Würde wieder her.

Wenn wir Ho-op mit Validation verbinden, bedeutet dies, dass wir

- o Alle Menschen einzigartig und als Individuen zu behandeln, auch wenn sie verwirrt oder dement sind; mit allen Teilen in uns, die damit Schwierigkeiten haben, machen wir Ho-op.
- o Alle Menschen wertvoll behandeln, ganz gleichgültig, in welchem Ausmaß sie verwirrt sind, in dem wir innerlich denken „ich verstehe und ich liebe dich".
- o Wenn wir die vier magischen Formen von Ho-op anwenden, kommen wir mit den unter der Demenz liegenden tieferen seelischen Schichten in Kontakt.

- o Wir machen darüber hinaus mit dem „unfinished business" (den unerledigten Geschäften) eines Demenzkranken Ho-op.

- o Wenn Demenzkranke immer wieder die gleichen früheren Erinnerungen erzählen oder immer wieder die gleichen Fragen stellen, machen wir mit dem, was dies in uns auslöst (z. B. mit unserer Ablehnung und dem Gedanken „nein, nicht schon wieder") Ho-op. Ebenso, wenn die Demenzkranken aus der Vergangenheit hören oder äußere Dinge sehen, die offenbar gar nicht da sind. Indem wir mit unserer eigenen Reaktion „ich verstehe und ich liebe dich" machen, spiegeln wir einen Prozess von Heilsein und regen diesen an.

- o Wir machen mit der Demenz Ho-op, indem wir uns bewusst machen, dass diese Demenz auch uns betrifft, auch wenn wir sie verdrängen, denn auch uns sind viele Dinge nicht mehr zugänglich. Letztendlich: Auch wir irren im „Samsara" (den weltlichen Illusionen) umher, so wie Demenzkranke manchmal auf der Straße umherirren.

- o Schmerzliche Gefühle, welche ein Demenzkranker ausdrückt sind oftmals „Memories", Erinnerungen aus dem emotionalen Gedächtnis, die wir ebenfalls reinigen können, indem wir zu ihnen sagen „ich verstehe und ich liebe dich".

Einfühlung/Mitgefühl ungeachtet eines verwirrten Geistes führt zu Vertrauen, verringert Angstzustände und stellt die Würde wieder her. Oftmals spiegeln unsere Abwehrreaktionen gegen Demenzkranke unsere eigene Angst vor einem verwirrten Geist – indem wir dieser Angst mit Ho-op begegnen, erfahren wir eine Stabilität und Gesundheit, die nicht von unserem Intellekt abhängt.

Fragetechnik ELSE und Ho´oponopono

Die Fragetechnik ELSE ist seit vielen Jahren bewährt und lässt sich nicht nur für jede Form von Therapie, sondern auch im privaten Bereich einsetzen, überall dort, wo es darum geht, einem Menschen einfühlsam zuzuhören.

Hierfür stellst du dem anderen die folgenden Fragen und machst, während der andere spricht, Ho´oponopono mit allem, was hochkommt.

Ich selbst entdeckte ELSE, als mich eine gute Bekannte nach Feierabend anrief und begann, sich ausgiebig über ihre Probleme auszubreiten, ohne dass ich sie darum gebeten hätte. Aus meiner Ausbildung im einfühlsamen Zuhören heraus wusste ich bereits, dass Menschen nur so lange jammern, bis sie das Gefühl haben, dass man ihnen wirklich zuhören. In dem Fall entschied ich mich ELSE auszuprobieren. Ich ließ die Bekannte erzählen, was ihr wichtig war, doch statt mir das Geschwafel und die Beschwerden endlos lange anzuhören, stellte ich ihr die vier ELSE-Fragen:

- Emotionen: Was hast du empfunden? Hierbei ermuntere ich immer wieder, sich nicht auf die Fakten, sondern auf die Gefühle zu konzentrieren.
- Lass mich das Schwierigste wissen: „Was war das Schwierigste für dich dabei?" Durch diese Frage kommt der Andere sofort zum Punkt. Wenn man sich nicht von den Gefühlen überwältigen und in endloses Palaber lassen will, muss man bis in das Zentrum des Schmerzes vordringen, dorthin, wo es am Schlimmsten ist. Dadurch helfe ich mir und dem anderen. Nur von dort unten kann man sich abstoßen und wieder nach oben steigen. Die Verwirrung im Kopf hört auf. Die Gedanken konzentrieren sich auf den zentralen Punkt, den Schmerz, während sie sonst in alle Richtungen gleichzeitig strömen. Die Antworten sind oft überraschend.

Fragetechnik ELSE und Ho´oponopono

- Standhalten: „Was hat dir geholfen standzuhalten?" Durch diese Frage lenke ich die Richtung um. Diese Frage aktiviert die Ressourcen.
- Empathie: Ehrlich ausdrücken, was man beim Zuhören empfunden hat. Mitgefühl „das muss unangenehm für dich gewesen sein", „ich kann mit empfinden" – der andere spürt, dass seine Bürde geteilt worden ist – durch mitteilen.

Seitdem ich ELSE in meinen Telefonaten anwende, sind solche Gespräche wesentlich kürzer, aber effektiver und hilfreicher geworden, als früher, wo ich nur zuhörte. ELSE lässt sich auch für Gegenwartsthemen anwenden

Beispiel: ELSE bei Sorgen wegen der Finanzkrise

- Klient: Ich habe Angst wegen der Finanzkrise, weil jetzt schon wieder eine Bank abgestürzt ist.
- Therapeut: Was empfindest du?
- Klient: Angst und Stress
- Therapeut: Was ist das Schwierigste?
- Klient:
    o Die Hilflosigkeit: Ich sehe ohnmächtig zu, wie unser Finanzsystem zusammenbricht.
    o Die Grausamkeit: Ich kann mich nicht schützen, wenn Menschen aufgrund der Finanzkrise grausam werden und mich körperlich angreifen, in mein Haus einbrechen usw.
    o Die Verlusterfahrung: Wenn ich aufgrund der Finanzkrise alles verliere, was ich an Geld habe, ist er Schmerz unerträglich.
    o Die Härte: Möglicherweise muss ich mein bisheriges Leben aufgeben.
    o Das Versagen: Ich habe mein Vermögen nicht weise verwaltet.

- o Die Unsicherheit: Ich weiß nicht, was richtig für mich ist.
- o Die Obdachlosigkeit: Wenn ich alles verlieren sollte und mir mein Haus wegen Eigenbedarf gekündigt wird.
- Therapeut: Was hilft dir mit dieser Angst umzugehen/standzuhalten?
- Klient:
  - o Das Wissen, dass ich ein gut laufendes Unternehmen habe.
  - o Das Wissen, dass andere in einer weitaus schlimmeren Lage sind.
  - o Das Wissen, dass ich mit meiner Angst nicht alleine bin.
- Therapeut:
  - o Ich habe Empathie mit mir selbst und mache Ho-op mit mir selbst/dem Klienten zu dem Thema.
  - o Ich verstehe, dass es für den Betroffenen angstmachend ist.
  - o Ich signalisiere, dem Klienten, dass ich ihn verstehe.
- Klient: Bedankt sich, sagt, dass das Gespräch ihm geholfen hat.

Die Fragetechnik ELSE in Verbindung mit Ho´oponopono hilft dir, effektiv vorzugehen und zugleich anderen das Gefühl zu geben, ihnen wirklich zuzuhören. Deine Aufgabe als zuhörender Berater, Therapeut, Transformator, Freund ist es nicht, den engen Vorstellungen des anderen noch weitere Vorstellungen und Meinungen hinzuzufügen, sondern einen offenen Raum zu kreieren, in dem sich das „Wunder der Wandlung" ereignen kann und dafür bietet ELSE eine gute Struktur an.

*Ein Freund ist ein Mensch, der dich mag,
obschon er dich kennt.
(Aus China)*

Zwiegespräche vorbereiten durch Ho´oponopono

Zwiegespräche, wie sie der inzwischen verstorbene Prof. Lukas-Moeller eingeführt hat[32] sind DAS Mittel der Wahl, um in einer Beziehung Intimität, Verbundenheit und Nähe herzustellen. Diese kleinste und vielleicht auch effektivste Selbsthilfegruppe besteht aus zwei Personen, die nichts anderes tun, als in einem festgelegten Rahmen sich über das mitteilen, was sie gerade seelisch am meisten (in bezug auf den anderen) bewegt.

Die Regeln des Zwiegesprächs sind in dem Standardwerk „Ho´oponopono und die Kraft der Selbstverantwortung" auf den Seiten 369 ff. beschrieben, die Struktur ziemlich einfach: Im 15 Minuten-Rhythmus abwechselnd gibt jeder der beiden Partner ein „Selbstportrait" darüber, wie es ihm gerade (in der Beziehung) geht. Der jeweils andere hört schweigend zu, spürt, was der Monolog des anderen in ihm auslöst und macht mit all dem, was in ihm hochkommt Ho-op – danach wird gewechselt.

Die Idee der Zwiegespräche ist, dass jeder der beiden Partner für eine vorher festgelegte Zeit ein „Selbstportrait" von sich gibt, was das gegenseitige Verständnis und die wechselseitige Nähe stärkt. Zwiegespräche sind nicht auf intime Beziehungen beschränkt. Sie lassen sich auch führen zwischen Familienmitgliedern, Kollegen, Freunden, Nachbarn oder innerhalb einer Selbsthilfegruppe. Allerdings gibt es offenbar kaum etwas, vor dem die Menschen mehr

---

[32] Literaturhinweise:
Lukas Moeller, Prof. Dr.: „Die Wahrheit beginnt zu zweit. Das Paar im Gespräch." Reinbek: Rowohlt 1988, rororo Tb 1998;
„Gelegenheit macht Liebe. Glücksbedingungen in der Partnerschaft". Reinbek: Rowohlt, 2000;
„Die Liebe ist das Kind der Freiheit". Reinbek: Rowohlt 1986, rororo Tb 1998;
„Worte der Liebe. Erotische Zwiegespräche. Ein Elixier für Paare". Reinbek: Rowohlt 1996, rororo Tb 1998.

Zwiegespräche vorbereiten durch Ho´oponopono

Angst haben, als vor eben diesen Zwiegesprächen und der mit ihnen verbundenen Intimität.

Intimität – was ist das eigentlich? Das Wort kommt aus dem lateinischen In-Timere und bedeutet „nicht fürchten". So ist Intimität der Ort oder Zustand, an dem wir uns nicht fürchten. Gerade Rilke schrieb einmal: „Unsere Angst ist der größte Drache – der unseren größten Schatz bewache!" Intimität bedeutet erst einmal „Intimität mit sich selbst". Dies bedeutet, nicht nur mit seinen sonnigen, sondern auch mit seinen bisher ungeliebten Seiten „intim" zu sein. Ein großer ZEN-Meister wurde einmal gefragt, wie er über die Angst denken würde. Und er ging kurz in sich, schwieg und sagte dann: „Ich bin mir ihr einverstanden!" Intimität bedeutet in dem Sinne, einverstanden zu sein mit dem WAS IST, insbesondere mit dem, was ich in mir fühle – WAS IMMER ES IST und auszudrücken *was ist*. Somit ist es mutiger, mit seiner Angst und mit seiner Intimität intim zu sein, als sie zu leugnen.

Zwiegespräche dienen dazu, Intimität herzustellen. Doch zugleich bringen sie unsere größten Ängste hervor. Denn innerhalb der Zwiegespräche konfrontieren wir eigentlich die (fehlende) Intimität mit uns selbst. Deshalb ist jedes Zwiegespräch zugleich auch ein Selbst-Gespräch.

Ähnlich wie der Schauspieler vor seinem Bühnenauftritt ein „gesundes" Lampenfieber hat, so spüren wir oftmals vor unserem nächsten Zwiegespräch Angst. Statt diese Angst durch Aggression, Bewertungen, Vorhaltungen abzuwehren, tun wir uns gut daran, mit unserer eigenen Angst „intim" zu sein. Dann erweist sich unsere „Angst vor Nähe" zugleich als Wegweiser darin, wie wir uns selbst näher kommen können – und damit auch unserem (Zwiegesprächs-)Partner. Hier hilft Ho´oponopono.

Um den Geist vor den eigentlichen Zwiegesprächen zu klären, empfehle ich „Vor-Zwies in Verbindung mit Ho´oponopono mit sich selber". Hierbei habe ich gute Erfahrungen mit folgender Vorgehensweise gemacht:

An dem Tag, zu dem das nächste Zwiegespräch vereinbart ist, gehe einige Zeit vorher in deine Mitte und stelle dir vor, das Zwiegespräch wäre JETZT (und nicht erst später). Stelle dir vor, dein (Zwiegesprächs-)Partner stünde JETZT vor dir und du solltest JETZT dein Selbst-Portrait beginnen – gibt es JETZT etwas, das der Intimität des Zwiegesprächs entgegensteht wie z. B. Urteile, Vorhaltungen, Projektionen, Wut, Ärger, Unlust oder auch Herzschmerz, Leberdruck, Verkrampfungen …? Erlaube all dem, eines nach dem anderen, in dir spürbar zu machen und sage zu allem, was hochkommt „ich verstehe und ich liebe dich" bzw. „es tut mir leid und ich liebe dich". Erst wenn du spürst, dass du intim mit dir selber bist, sage innerlich danke, begib dich in dein eigentliches Zwiegespräch mit einem äußeren Partner.

Zwiegespräche der Dämonen

Die „Zwiegespräche der Dämonen" sind eine Möglichkeit, die Intimität zwischen zwei Menschen noch näher zu vertiefen. Ich habe sie über das Neo-Tantra von Osho kennen gelernt. In manchen Tantragruppen ist es üblich, dass vor dem Liebesakt das Paar zusammenkommt und sich per Zwiegespräch über die eigenen Dämonen austauscht. Dämon im Sinne des Neo-Tantra wird hier nicht moralisch oder religiös verstanden, sondern ist alles, was die tiefe innerseelische Intimität und Vereinigung zwischen zwei Menschen verhindert.

So sagt SIE vielleicht: „Ich würde mich gerne mit dir vereinen, aber mein Dämon ist Angst!" Und ER nimmt dies wertfrei wahr, ohne es zu bewerten und macht Ho-op damit). Und dann sagt ER vielleicht: „Ich würde mich gerne mit dir vereinen, aber mein Dämon ist Wut und Ablehnung!" Und SIE nimmt dies wertfrei wahr, ohne es zu bewerten und macht Ho-op damit. Indem all das, was die Intimität behindert benannt wird, wird die eigene Identifikation mit der Negativität gelöst, bis irgendwann der Zeitpunkt gekommen ist, in der Mann und Frau spüren, dass sie offen und bereit sind, einander zu vereinen, ohne dass etwas zwischen ihnen steht, so dass Shiva bzw. Shakti durch die Geliebten wirken und durch sie erscheinen können. Wichtig ist es bei dieser Praxis, die Dämonen exakt zu benennen und weder ins Drama noch in die Beschönigung zu fallen. Feind benannt – Feind gebannt. In den meisten Fällen genügt das Benennen vollkommen aus, um Intimität und Nähe zu erreichen, denn Dämonen (Projektionen des eigenen Egos) haben nur Macht über uns, wenn wir sie verbergen oder Angst vor ihnen haben.

> *Wir können uns nicht in eine neue Lebensweise denken*
> *wir müssen uns in eine neue Denkweise leben.*
> *(Claude AnShin Thomas)*

Zwiegespräche vorbereiten durch Ho´oponopono

Teile-Arbeit – die Befreiung der Identität

Hal und Sidra haben wir die Methode des „Stimmen-Dialogs" zu verdanken. In meinem Buch „Ho´oponopono und die Kraft der Selbstverantwortung" habe ich ausführlich beschrieben, wie sich diese Methode gemeinsam mit Ho´oponopono einsetzen lässt, um Gegenwärtigkeit zu etablieren.

In meiner Praxis entdecke ich, wie wichtig es ist, das zu etablieren, was der ZEN-Meister Genpo Roshi den Apex nennt – die Loslösung von der versklavenden polaren Identifikation. Hierfür erlaubst du erst einmal der Stimme, der Identität, die gerade in dir besonders aktiv ist, sich auszudrücken. Dann suchst du den Gegenpol dazu und erlaubst diesem, alles zu sagen, was ihm wichtig ist. Dann suchst du den dritten Pol, der jenseits von beidem liegt.

Wie wir heute wissen, sind es häufig gerade die verdrängten Stimmen und Energien, die uns krank machen. Wenn wir beispielsweise unsere aggressive Stimme verdrängen, weil wir befürchten, andernfalls nicht mehr geliebt zu werden, kann uns dies Vitalität rauben. Wenn wir unsere innere Aphrodite oder unseren inneren Eros leugnen, obwohl er sich durch uns leben möchte, geht dies zu Lasten unserer Kreativität und unserer Vitalität usw. Jedes „abgelehnte Selbst" hat eine unreife Weise sich auszudrücken, bis es bewusst und respektvoll angesprochen wird. Die Lösung liegt nicht darin, Aggressivität, Sexualität, Verdrängtes rücksichtslos auszuleben, sondern darin, sie einer Bewusstwerdung, einer bewussten Führung und insbesondere *Pono* zuzuführen, d. h. mit jedem Anteil von uns Ho-op zu machen und dann – befreit von allen Polaritäten diese dritte Position zu entdecken und zu etablieren, welche Genpo Roshi den „Big Mind", ein anderer vielleicht das universale Bewusstsein nennt.

Hierfür ein praktisches Beispiel: Nehmen wir einmal an, du bist seit einiger Zeit in einer festen Beziehung. Auf einmal fällt dir auf, dass du in deiner Beziehung gar nicht mehr „du selbst" bist. Also erlaubst du dir einmal voll und ganz diese Identität zu sein, die du in deiner Beziehung wahrnimmst. Vielleicht erlebst du als die Stimme deiner Beziehungs-Identität: „Ich bin treu, zuverlässig, brav, unterdrücke meine Gefühle, muss den Duckhansel machen und fühle mich unfrei." Dann sage zu der Stimme, die diese Identität ausdrückt: „Ich verstehe und ich liebe dich." Was immer der eine Teil sagt, umarme es.

Dann lasse den anderen Teil in dir sprechen, mit dem du dich identifizierst, wenn du dich als Single erlebst. Er sagt vielleicht: „Ich bin ein Luftikus, untreu, vital. Ich will samstagnachmittags zum Fußballstadion gehen und schauen, wie die Löwen spielen. Ich möchte frei sein und tun, was ich will!" Sage auch zu allem, was dieser Teil sagt: „Ich verstehe und ich liebe dich!"

Letztendlich erkenne, dass du keiner dieser beiden Teile bist und zentriere dich in deiner Mitte. Wie erlebst du die Situation, wenn du in deiner Mitte bist, weder mit der einen noch mit der anderen Rolle identifiziert – ist es nicht dies, was es wirklich bedeutet, du selbst zu sein?

Oftmals ist es gerade die Spannung der Gegensätze – im Menschen selbst – welche den Quantensprung, das „Erwachen" ermöglicht. Als sehr schönes Sinnbild dafür empfinde ich das Bild "kämpfende Formen" von Franz Marc.

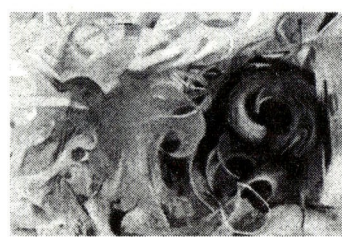

Dieses Bild drückt aus der dualen Betrachtungsweise Beängstigung wie auch Faszination aus. Kunstkritiker sehen in dem Bild (entstanden 1914) die Vorahnungen des 1. Weltkrieges, einen roten Adler im Kampf mit einem schwarzen Wolf oder auch einfach nur den Kampf zwischen Gut und Böse, Materie und Geist. Lange Zeit identifizierte ich mich einfach nur mit dem Rot auf dem Bild und fragte mich, warum man das Schwarz nicht einfach ausradieren könne, es wegoperieren. Doch bei längerem Hinschauen erkannte ich, dass gerade diese polare Spannung in dem Bild die Tür freigibt zu einer Transzendenz, zu einer dritten (Meta)-Position, in der die widerstreitenden Kräfte für sich selber gelassen werden können. Gäbe es diese Spannung in dem Bild nicht, gäbe es auch nicht das Bestreben, einen Punkt zu finden aus dem heraus man diese Spannung ertragen kann – wären wir nicht in diese Meta-Position gezwungen. Insoweit lädt gerade das spannungsgeladene, vitale Bild "kämpfende Formen" dazu ein, den inneren Punkt der Meditation zu finden, welcher ungeachtet dieser Spannung in Frieden ist. Wie sagte schon Laotse: Du trägst alle Gegensätze in dir – zur Einheit beschlossen. So bringt gerade die Zwietracht die Eintracht und die Spannung die Entspannung hervor – und ist dies nicht auch so im "wirklichen" Leben?

Teile-Arbeit – die Befreiung der Identität

Ein-Personen-Rollenspiel und generatives NLP

Beide Formate, das EPR (Ein-Personen-Rollenspiel)[33] und das generative NLP[34] nach Dilts/Mc Donald sind fortgeschrittene Varianten der Teile-Arbeit und lassen sich hervorragend in Verbindung mit Ho-op einsetzen.

Das generative NLP (die spirituelle Erneuerung)

Das generative NLP lässt sich hervorragend für die Klärung der eigenen Lebensausrichtung, insbesondere in Beziehungen einsetzen. Es arbeitet mit einer „Zeitlinie", welche dich von der Vergangenheit in die Zukunft führt und drei verschiedenen Wahrnehmungspositionen: Als du selbst – als eine andere Person (z. B. dein Partner) und als eine übergeordnete Meta-Perspektive. Als Zeitlinie werden auf dem Boden Vergangenheit, Gegenwart und Zukunft als Räume definiert. Indem diese drei Zeiträume mit drei verschiedenen Wahrnehmungspositionen verbunden werden, entsteht eine „Landschaft" aus neun Standorten. :

8. zukünftig andere	7. zukünftig ich selbst	9. zukünftig Meta
2. Gegenwart andere	1. Gegenwart ich selbst	3. Gegenwart Meta
5. Vergangenheit andere	4. Vergangenheit ich selbst	6. Vergangenheit Meta

Wenn der Raum dafür vorhanden ist, markiere durch Bodenanker bzw. Boden-

---

[33] Quelle: Klärungsorientierte Schemabearbeitung: Dysfunktionale Schemata effektiv verändern (broschiert) von Rainer Sachse(Autor),Oliver Püschel (Autor), Jana Fasbender (Autor), Janine Breil (Autor), Hogrefe Verlag August 2008
[34] Quelle: Und dann geschieht ein Wunder: Tools of the Spirit. Angewandtes NLP von Robert B. Dilts und Robert McDonald von Junfermann , Junfermann Verlag August 2004

Ein-Personen-Rollenspiel und generatives NLP

kacheln diese neun Felder. Nach meiner Erfahrung reicht es auch aus, wenn der Klient sich diese neun Felder vorstellt oder mit neun Pappdeckeln auf einem Tisch gearbeitet wird. Die nachfolgende Reihenfolge der Bodenanker ist willkürlich, wobei ich stets bei Position 1 beginne und den weiteren Verlauf zu einer Art „Tanz" über die einzelnen Felder gestalte. Nachfolgend die einzelnen Positionen und was sie repräsentieren:

1. Gegenwart ich: Ich (als Klient) spüre meinen eigenen Körper und sehe die Welt mit eigenen Augen so wie ich sie jetzt erlebe, ohne etwas hinzuzufügen oder wegzunehmen.

2. Gegenwart andere: Ich versetze mich in einen anderen Menschen (meinen Partner, Kollegen, Nachbarn, Vater …), der für mich/dieses Thema gerade sehr wichtig ist - stehe in dessen Schuhen, erlebe die Welt aus der Sicht dieses Menschen.

3. Gegenwart Meta: Ich nehme den Standpunkt eines neutralen Beobachters oder des „Geistes der Beziehung" ein oder wahlweise eine übergeordneten Position.

4. Vergangenheit ich: Hier erlebe ich, wie ich mich in der Vergangenheit positioniert und gefühlt habe.

5. Vergangenheit andere: Hier erlebe ich die Vergangenheit, auch mit Blick auf mich aus der Sicht eines/dieses anderen Menschen.

6. Vergangenheit Meta: Hier erlebe ich den Spirit/Beobachter/Überblick aus der Sicht der Vergangenheit.

7. Zukunft ich: Ich fühle, was ich erlebe, als wenn ich heute schon meine eigene Zukunft erlebe, egal, ob es ein Jahr oder einige Jahr später ist, wahlweise am gleichen oder einem anderen ausgewählten Ort (z. B. einem Urlaubsort oder dem Ort, wo ein zukünftiges Projekt stattfinden soll). Ich erlebe mich mit allen Sinnen an diesem Ort und kann mit

meinem gegenwärtigen Ich sprechen, als schaute ich von meiner Zukunft aus zurück.

8. Zukunft andere: Hier versetze ich mich in den ausgewählten anderen Menschen in dessen Zukunft.

9. Zukunft Meta: Hier versetze ich mich in den Geist der Beziehung/den (übergeordneten) Beobachter in der Zukunft.

Mit allen Positionen mache ich, wenn ich darauf stehe, Ho-op: „Ich verstehe und ich liebe dich!"

Ein Praxisbeispiel:

Eines Tages kam mein Klient Peter[35] für ein Halbtagscoaching mit einem Beziehungsthema in meine Praxis. Ich entschied mich dafür, das generative NLP mit Ho-op zu kombinieren - mit gutem Erfolg für den Klienten.

Tonglen

Im ersten Teil der nachfolgenden Sitzung erlebst du die Anwendung einer tibetischen Technik Tonglen in Verbindung mit Ho-op. Tonglen ist ausführlicher in meinem Buch „Ho´oponopono und die Kraft der Selbstverantwortung" beschrieben.

L (Lebensberater): Wie geht es?

K (Klient Peter): Ich bin im Stress! Ich habe eine ambivalente Beziehung mit meiner Partnerin. Sie ist Topmanagerin in Düsseldorf und reist jedes Wochenende zu mir nach Bayern um mit mir die Freizeit zu verbringen. Wenn sie zu Besuch kommt ist es, als wenn eine Elefantenherde einfällt. Ich bin gar nicht mehr ich selbst, sondern alles dreht sich nur noch um sie. Doch sie möchte sich ihren Teil an dem Stress, den sie verbreitet gar nicht anschauen, sie produziert nur ohne zu reflektieren. Ich weiß gar nicht, ob ich noch länger in der Beziehung bleiben möchte. Ich habe ihr jetzt gesagt, dass ich beziehungsunfähig bin und eine Beziehungspause brauche.

---

[35] Name aus redaktionellen Gründen geändert

Ein-Personen-Rollenspiel und generatives NLP

L: Ist das wahr, dass Sie beziehungsunfähig sind?

K: Nein, aber sie kann das so besser nehmen, so verkaufe ich ihr die Trennung!

L: Wenn ich das höre, dann vermisse ich die Ebenbürtigkeit – einerseits stellen Sie sich über Ihre Partnerin, wenn Sie sagen, sie wäre wenig selbstreflektiert, dann stellen Sie sich unter sie, indem Sie behaupten, beziehungsunfähig zu sein, was ist denn jetzt die Wahrheit?

K: Die Wahrheit ist, dass ich den Stress nicht ertrage!

L: … was ich gut verstehen kann! Sie sind da sicher nicht alleine!

K: Aber was kann ich da tun, ich habe nicht die Kraft, mich gegen sie zu stemmen, gegen ihre geballte Energie!

L: Kennen Sie Aikido?

K: Nein!

L: Aikido bedeutet: Wenn Sie jemand angreift, der die Kraftstärke neun hat und Sie haben die Kraft eins, dann besiegen Sie den Gegner mit der Kraft neun plus eins gleich zehn.[36]

K: Das möchte ich lernen!

L: Gut dann machen wir uns daran! Der Gegner, wer ist der Gegner?

K: Mein Partner?

L: Ihr Partner, sind Sie sich da sicher?

K: Nein, der Stress, den mein Partner verbreitet, ist mein Gegner!

L: Wunderbar, wir arbeiten also mit dem Stress als Gegner. Was macht ein Aikido-Kämpfer, worin liegt seine Besonderheit?

K: Dass er nicht GEGEN, sondern MIT der Energie kämpft?

L: Genau. Es gibt im buddhistischen eine Technik, die das Ganze auf geistiger Ebene vollzieht. Sie lautet Tonglen und wurde von Pema Chödrön in dem

---

[36] Buchempfehlung: Die Kunst zu siegen, ohne zu kämpfen: Geheimnisse und Geschichten über die Kampfkünste (Taschenbuch) von Pascal Fauliot (Redakteur), Loel Zwecker (Übersetzer), Goldmann Verlag, Dezember 2007

Ein-Personen-Rollenspiel und generatives NLP

Westen bekannt gemacht[37]. Der erste Schritt dafür ist, dass Sie sich daran erinnern, wer Sie wirklich sind. Hierfür möchte ich sie zu einer kurzen Meditation einladen. Gehen Sie bitte in Ihre Mitte und lassen sich wie ein Stein in die innere Tiefe fallen, tiefer und tiefer. Wann immer Gedanken kommen, lassen Sie diese da sein ohne sich mit ihnen zu identifizieren. Nehmen Sie Kontakt auf mit dem Beobachter. Irgendwann erleben Sie den Punkt, zu dem Ihr Bewusstsein umschaltet von „ich" auf „es", bis Sie sich erleben als der, der immer war und immer sein wird, dieses unendliche Selbst. Gehen Sie immer tiefer in sich und wenn Sie dieses umschalten spüren, geben Sie mir bitte ein Zeichen.

K: (geht in die Mitte, meditiert, nickt)

L: Und nun erinnern Sie sich an einen Augenblick völligen Einsseins mit allem was ist, lassen Sie so einen Augenblick in Ihrem Bewusstsein aufsteigen. Und wenn dieser Augenblick für Sie präsent ist, geben Sie mir bitte ein Zeichen.

K: Ich bin im Chiemgau und gehe unter dem Sternenhimmel spazieren.

L: Gut, danke. Und nun aktivieren Sie in diesem Bild alle Sinne. Was gibt es zu sehen? Nehmen Sie die Farbschattierungen war! Was gibt es zu hören? Lauschen Sie! Wie fühlt sich die Kleidung auf Ihrer Haut an, was fühlen Sie? Gehen Sie immer tiefer in dieses Bild hinein, identifizieren Sie sich mit Ihrem eigenen Selbst, bis Sie dieses Erlebnis SIND. Und wenn Sie dieses Erlebnis sind, wenn Sie ganz eins sind mit der Erfahrung, geben Sie mir bitte ein Wort, das diese Erfahrung zutreffend beschreibt.

K: Weite!

L: Danke! (Macht dieselbe Intervention mit zwei weiteren Erinnerungen von Einsseins.)

L: Und nun fühlen Sie in Ihrem Körper, wie sich Einssein anfühlt. Beschreiben Sie, wie Sie dieses Einssein in Ihrem Körper wahrnehmen.

K: Ich spüre eine Weite im Herzen!

L: Wunderbar. Und nun denken Sie bitte an die Situation, die so schwierig ist, wenn Ihre Partnerin aus Düsseldorf kommt, was fühlen Sie da?

---

[37] Tonglen: Der tibetische Weg mit sich selbst und anderen Freundschaft zu schließen von Pema Chödrön, Arbor-Verlag, Oktober 2001

Ein-Personen-Rollenspiel und generatives NLP

K: Ich spüre Stress, zittern am ganzen Körper, Nervosität

L: Und welche Energie würde die Situation am dringendsten brauchen?

K: Entspannung!

L: Gut und dann atmen Sie den Stress, den Sie fühlen, wenn Sie an die Situation denken ein und Entspannung, die Sie brauchen, aus. Tief ein- und ausatmen (praktiziert zusammen mit dem Klienten die Tonglen-Atmung).

L: Was fühlen Sie, während Sie diese Methode anwenden?

K: Jetzt spüre ich Kopfschmerz am Hinterkopf und Nackenbereich!

L: Das ist ok, Sie dürfen auch Tonglen mit sich selbst machen. Atmen Sie den Kopfschmerz ein und Entspannung aus!

K (tut dies): Jetzt ist der Kopfschmerz weg!

L: Atmen Sie weiter – wie ist es jetzt?

K (erstaunt): Ich spüre Herzensweite, der Stress schmilzt und da ist so ein feines Strömen etwa in der Mitte der Brust!

L: Dieses feine Strömen, das ist Bodhichitta, der süße Nektar des Mitgefühls. Sie nutzen quasi das Gift, den Stress, um Bodhichitta, dieses Soma der Seele ins Fliessen zu bringen. Dies entspricht dem buddhistischen Symbol des Pfaus, der sich von giftigen Schlangen ernährt und aus dem Gift der Schlangen seine farbigen Federn wachsen lässt.

K: Das erinnert mich an einen Traum, den ich hatte: Eine giftige Hydra trieb ihr Unwesen. Da kam im Traum eine Yogini, die hieb der Hydra den Kopf ab und trank das Gift und das Blut, das aus der Hydra hervorquoll und verwandelte es in sich!

L: Genau das ist Tonglen. Wichtig ist, dass Sie sich im Tonglen an das erinnern, wer Sie wirklich sind. Sollte sich irgendein Ego-Aspekt melden, macht das nichts – sobald Ihnen unwohl werden sollte, erinnern Sie sich einfach an Ihre drei Anker und denken an die Erfahrungen des Einsseins. Da Energie automatisch die Tendenz hat, sich zu neutralisieren, wird das Unwohlsein automatisch abebben, sobald Sie sich in einen Ihrer drei Anker hinein entspannen.

K: Was ist denn jetzt mit meiner Beziehung?

Ein-Personen-Rollenspiel und generatives NLP

L: Sie haben mit Tonglen ein Werkzeug in der Hand, um mit dem Stress umzugehen, der in der Beziehung auftaucht.

Ein-Personen-Rollenspiel (EPR)

L (stellt drei Stühle im Dreieck auf): Nachfolgend wollen wir uns die Beziehung genauer anschauen. Welcher der drei Stühle ist der Stuhl von Peter?

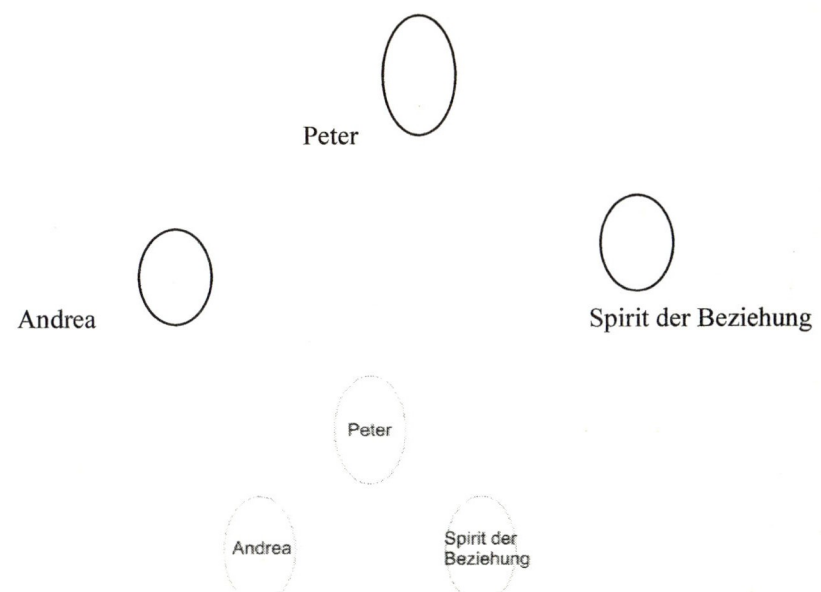

K: (zeigt auf einen Stuhl)

L (setzt sich auf die Coach mit Blick auf die drei Stühle): Nehmen Sie auf diesem Stuhl Platz! Sie sind Peter (also er selbst) – wie geht es Ihnen in Ihrer Beziehung?

K: Ich fühle mich schwer, ambivalent und depressiv.

L: Sagen Sie zu dem Teil, der sich so fühlt „ich verstehe und ich liebe dich" und während Sie dies tun mache ich dies gleichzeitig mit Ihnen. (K und L machen Ho-op). Was haben Sie Ihrer Partnerin zu sagen?

Ein-Personen-Rollenspiel und generatives NLP

K: Ich bin depressiv, sauer, mir reicht es, ich bin ambivalent und ich liebe meine Partnerin!

L: Danke, und jetzt spüren Sie tief in sich hinein und fühlen Sie, ob es eine Kernbotschaft für Ihre Partnerin gibt!

K (spürt in sich hinein): Ich liebe dich so gut ich kann!

L: Danke. Jetzt nehmen Sie bitte auf einem der beiden anderen Stühle Platz. Sie sind jetzt Andrea, Ihre Partnerin – welcher der beiden Stühle wäre es?

K (zeigt auf einen der beiden anderen Stühle, setzt sich dorthin)

L: Fühlen Sie sich erst einmal ganz in Ihre Partnerin hinein! (Pause) Andrea, Peter hat eben zu Ihnen gesagt, er liebt Sie so gut er kann. Was macht das mit Ihnen?

K (als Andrea): Mich macht das sauer, soll er doch bleiben wo der Pfeffer wächst, ich will Spaß und nicht so einen Beziehungskrampf!

L: Danke, und nun Andrea fühlen Sie einmal tiefer in sich hinein, was unter diesem Gefühl liegt, unter diesem Ärger?

K (als Andrea): Ich spüre Verlassen-Sein!

L: Und was liegt darunter?

K (als Andrea): Angst

L: Können Sie Peter sagen, dass Sie Angst haben?

K: Schwer, aber es geht – Peter, ich habe Angst!

L: Fühlen Sie diese Angst und wenn Sie diese Angst voll gefühlt und ganz angenommen haben, geben Sie mir ein Zeichen!

K (fühlt die Angst): ok

L: Und nun setzen Sie sich bitte wieder auf den bisherigen Stuhl, Sie sind jetzt wieder Peter.

K (wechselt den Stuhl)

L: Andrea hat zu Ihnen gesagt, dass sie Angst hat, was macht das mit Ihnen Peter?

Ein-Personen-Rollenspiel und generatives NLP

K (als Peter): Ich spüre so ein Bedauern und eine Traurigkeit!

L: Danke Peter, da möchte ich es erst einmal stehen lassen. Sie erkennen, dass in den „weichen" (subtilen) Gefühlen die Verbindung zwischen Ihnen liegt. Die Bewusstheit über diese Verbundenheit können Sie auch erinnern, wenn es einmal stressig wird mit Ihnen beiden.

L: Nun wechseln Sie bitte einmal auf den dritten, freien Stuhl: Sie sind nun der „Geist der Beziehung" – wie geht es Ihnen?

K (fühlt sich ein in den Geist der Beziehung): Ich fühle Schmerz!

L: Dehnen Sie sich in dem Schmerz aus. Er darf vollkommen da sein. Sagen Sie zu dem Schmerz „ich verstehe und ich liebe dich". Werden Sie immer weiter in dem Schmerz, bis Sie spüren, dass sich die Mitte des Gefühls in Ihnen meldet und ein neues Gefühl emporquillt – dann aber erst dann, wenn dem so ist, geben Sie mir ein Zeichen.

K (nickt)

L: Was fühlen Sie jetzt?

K: Traurigkeit, tiefe, tiefe Trauer!

L: Dehnen Sie sich nun in der Trauer aus, erlauben Sie ihr voll da zu sein und geben Sie mir ein Zeichen, wenn aus der Mitte ein neues Gefühl aufsteigt.

K (nickt)

L: Was fühlen Sie jetzt?

K: Stille

L: Dehnen Sie sich nun in der Stille aus, erlauben Sie ihr voll da zu sein und geben Sie mir ein Zeichen, wenn aus der Mitte ein neues Gefühl aufsteigt. Was meldet sich?

K: Hoffnung

L: Dehnen Sie sich nun in der Hoffnung aus, erlauben Sie ihr voll da zu sein und geben Sie mir ein Zeichen, wenn aus der Mitte ein neues Gefühl aufsteigt. Was meldet sich?

K: Lebenskraft

L: Und nun lassen Sie die Lebenskraft zu den einzelnen Stationen unserer Reise sprechen – was haben Sie ALS Lebenskraft zu der Hoffnung zu sagen?

K (als Lebenskraft): Halte Maß.

L: Halte Maß, ganz klar – nur im rechten Maß ist die Hoffnung aufbauend und nicht trügerisch! Was hat die Lebenskraft zur Trauer zu sagen?

K (als Lebenskraft): Wir brauchen dich!

L: Wir brauchen dich – ganz klar, nur wenn wir bereit sind unsere Gefühle wirklich zu fühlen und dadurch gehört auch die Trauer, geht es weiter. In der Trauer sind wir sehr nah bei uns selbst, da ist keine Projektion, Trauer ist also wichtig. Wichtig ist auch, dass die Trauer nicht gegen die Lebenskraft ist, sondern dass die Lebenskraft die Trauer braucht. Nun, was hat die Trauer zu dem Schmerz zu sagen?

K (als Lebenskraft): Du bist ein Dosenöffner!

L: Du bist ein Dosenöffner – der Schmerz öffnet unser Herz, wie wir bereits bei Tonglen gesehen haben, wunderbar! Was hat die Lebenskraft denn zu der Beziehung zu sagen?

K (als Lebenskraft): Alles wird gut!

Generatives NLP (Neunerquadrat)

L: Danke (Pause)! Testen wir dies gleich einmal im Neunerquadrat der spirituellen Erneuerung. Stellen Sie sich jetzt auf dem Boden neun Quadrate vor, die im Schachbrettmuster drei Mal drei ausgelegt sind. Und dann, wenn Sie sich dies vorstellen können, stellen Sie sich bitte in das mittlere Quadrat – Sie sind jetzt der Peter, wie er sich jetzt fühlt – Peter wie geht es Ihnen?

Ein-Personen-Rollenspiel und generatives NLP

8. zukünftig Andrea	7. zukünftig Peter	9. zukünftig Beziehung/ Spirit
2. Gegenwart Andrea	1. Gegenwart Peter	3. Gegenwart Beziehung/ Spirit
5. Vergangen- heit Andrea	4. Vergangen- heit Peter	6. Verg.heit Beziehung/ Spirit

K (stellt sich in das mittlere Quadrat): unruhig, ambivalent.

L: Danke, machen Sie Ho-op damit „ich verstehe und ich liebe dich"

K: Macht Ho-op: „ich verstehe und ich liebe dich".

L: Und nun gehen Sie bitte einen Schritt nach links – Sie sind dort Andrea, wie es ihr heute geht – was fühlen Sie?

K (als Andrea jetzt): ich fühle mich klamm, misstrauisch, verschlossen

L: Danke, machen Sie Ho-op damit: „ich verstehe und ich liebe dich".

K: Macht Ho-op: „ich verstehe und ich liebe dich".

L: Danke und nun gehen Sie bitte zwei Schritte nach rechts – Sie sind jetzt der Geist der Beziehung im Jetzt – wie geht es Ihnen jetzt?

K (als Geist der Beziehung Jetzt): Ich wende mich um 90 Grad ab, fühle mich schwer.

L: Danke, machen Sie Ho-op damit: „ich verstehe und ich liebe dich".

K: Macht Ho-op: „ich verstehe und ich liebe dich".

L: Und nun gehen Sie bitte einen Schritt wieder nach links, also in die Mitte und von da aus einen Schritt nach hinten – Sie sind jetzt der Peter in der Vergangenheit, wie geht es Ihnen?

K (als Peter in der Vergangenheit): Ich fühle mich leer und erschöpft.

Ein-Personen-Rollenspiel und generatives NLP

L: Danke, machen Sie Ho-op damit: „ich verstehe und ich liebe dich".

K: Macht Ho-op: „ich verstehe und ich liebe dich".

L: Danke und nun gehen Sie einen Schritt nach links, Sie sind jetzt die Andrea in der Vergangenheit, wie geht es Ihnen?

K (als Andrea in der Vergangenheit): Ich fühle mich unternehmungslustig, ungeduldig.

L: Danke, machen Sie Ho-op damit: „ich verstehe und ich liebe dich".

K: Macht Ho-op: „ich verstehe und ich liebe dich".

L: Und nun gehen Sie zwei Schritte nach rechts, Sie sind jetzt der Geist der Beziehung in der Vergangenheit, wie geht es Ihnen

K (als Geist der Beziehung in der Vergangenheit): Ich fühle mich skeptisch und wohlwollend.

L: Danke, machen Sie Ho-op damit: „ich verstehe und ich liebe dich".

K: Macht Ho-op: „ich verstehe und ich liebe dich".

L: Und nun gehen Sie einen Schritt nach links zur Mitte hin und von da aus zwei Schritte nach vorne – Sie sind jetzt der Peter in der Zukunft, wie geht es Ihnen?

K (als Peter der Zukunft): ich fühle mich kräftig, unternehmungslustig, frei, ich empfinde: Gott sei Dank habe ich es hinter mir

L: Danke, machen Sie Ho-op: damit „ich verstehe und ich liebe dich".

K: Macht Ho-op: „ich verstehe und ich liebe dich".

L: Und nun gehen Sie von da aus einen Schritt nach links, Sie sind jetzt die Andrea in der Zukunft, wie geht es Ihnen

K (als Andrea der Zukunft): ich fühle mich schwer, es zieht mich nach rechts (zu Peter), ich spüre Wärme an der rechten Seite.

L: Danke, machen Sie Ho-op damit: „ich verstehe und ich liebe dich".

K: Macht Ho-op: „ich verstehe und ich liebe dich".

L: Und nun gehen Sie zwei Schritte nach rechts, Sie sind jetzt der Geist der

Ein-Personen-Rollenspiel und generatives NLP

Beziehung der Zukunft – wie geht es Ihnen?

K (als Geist der Beziehung der Zukunft): Ich fühle mich leicht, möchte mich bewegen

L: Danke, machen Sie Ho-op damit: „ich verstehe und ich liebe dich".

K: Macht Ho-op: „ich verstehe und ich liebe dich".

L: und nun gehen Sie wieder einen Schritt nach links zur Mitte hin, Sie sind wieder der Peter der Zukunft, wie geht es Ihnen jetzt

K (als Peter der Zukunft): Ich fühle mich stark und frei.

L: Danke, machen Sie Ho-op damit: „ich verstehe und ich liebe dich".

K: Macht Ho-op „ich verstehe und ich liebe dich".

L: Und nun gehen Sie einen Schritt nach hinten, Sie sind wieder der Peter der Gegenwart, wie geht es Ihnen?

K (als Peter der Gegenwart): besser, aber ich fühle mich noch ein wenig verschlossen.

L: Danke, machen Sie Ho-op damit: „ich verstehe und ich liebe dich".

K: Macht Ho-op: „ich verstehe und ich liebe dich".

L: Nun strecken Sie einmal die Hände aus, es gibt in Touch for Health[38] eine Armstellung, in der Sie entspannen können, so als wenn Sie die Arme nach vorne schieben in zwei Röhren, wo sie schwerelos gehalten werden, spüren Sie diese?

K: Ja.

L: und stellen Sie sich vor, mit diesen beiden Armen umarmen Sie den Peter der Zukunft, der vor Ihnen steht, wie geht es Ihnen damit?

K: Es gibt mir Kraft!

L: Kraft den Weg zu gehen? Wann immer Sie Kraft für Ihren Weg brauchen, können Sie die Hände ausstrecken und den Peter der Zukunft umarmen! Ich glaube dabei belassen wir es!

---

[38] Touch For Health: Das umfassende Standardwerk für die Praxis von John F. Thie, Matthew Thie, Susan Charette, und Barbara Bürgi-Stoecklin von Vak-Verlag (Broschiert - Juli 2008)

K: Sie haben mir jetzt wirklich geholfen!

L: ES hat geholfen – danke, danke, danke! Tragen Sie es mit sich in die Zeit – viel Erfolg für Ihren Weg!

Interventionen wie das generative NLP sehen zwar kompliziert aus, doch letztendlich sind sie einfach durchzuführen. Es gibt eine ganze Reihe von Menschen, die generatives NLP anwenden und dadurch Lebensentscheidungen, die Zukunft betreffend, sehr klar treffen können. Durch generatives NLP übersteigst du die Grenzen des Verstandes und beginnst in aller Tiefe wahrzunehmen.

Im nachfolgenden Kapitel wollen wir noch einen draufsetzen. Der Visual Squash gehört im NLP mit zu den anspruchvollsten Techniken – doch er ist ein unendlich wertvolles Hilfsmittel, um innere Konflikte, Ambivalenzen und Zerrissenheiten zu lösen. Gerade in der Anwendung mit Ho-op zeigt er sein volles Potenzial. Aus diesem Grund habe ich mich entschieden, ihn nachfolgend vorzustellen.

Innere Konflikte auflösen - der Visual Squash

Der Visual Squash ist eine Methode aus dem NLP und hilft dir, innere Konflikte zu lösen.[39] Das Format, mit dem ich am liebsten arbeite, stammt von Robert Dilts[40]. Ich habe es für eigene Erfordernisse abgewandelt bzw. erweitert und erziele die besten Wirkungen, wenn ich es mit Ho´oponopono und Focusing verbinde. Dadurch ergibt sich die nachfolgend beschriebene Vorgehensweise. Zur Verdeutlichung beschreibe ich die Sitzung eines Klienten, der in meine Praxis kam.

Timeline:

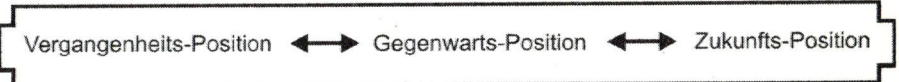

Klientenbericht: Ein Klient kommt in meine Praxis und ist unzufrieden mit seiner Beziehung. Ihm fehlt der Lebensgenuss und er macht seine Partnerin dafür verantwortlich. Er glaubt, in seiner Beziehung eine Rolle spielen zu müssen, aus der er nicht heraus kommt.

1. Das persönliche Ziel benennen (Focusing):

a. Auftragsklärung: Zuerst einmal frage ich den Klienten, was sein Ziel ist, um meinen „Auftrag" zu klären. Der Klient kann jedoch sein Ziel nicht beschreiben. Alles, was er bekundet sind „weg von ..." Bestrebungen, Verneinungen, also „ich möchte mich *nicht* mehr unterdrücken", „ich will, dass die innere Blockierung *aufhört*".

b. Vorstellungsfreiheit: Ich bitte den Klienten alle Vorstellungen über das

---

[39] Der Visual Squash ist eine Weiterentwicklung von dem Inkongruenzformat von Bandler und Grinder von der es viele Varianten gibt.
[40] Dilts, Robert, die Veränderung von Glaubenssystemen, S. 157 ff.,

Ziel loszulassen („was von uns gefunden wird ist unbekannt"), sich mit mir auf eine Entdeckungsreise zu begeben.

c. Hinfühlen: Ich lade den Klienten dazu ein, in sich hineinzufühlen, sein Gefühl zu beschreiben, anzunehmen, was er fühlt. Der Klient benennt das Wort „Depression" und wir machen gemeinsam Ho-op mit dem Wort „Depression" und allem, was damit zusammen hängt.

d. Zieldefinition: Ich bitte den Klienten, „den Namen" für das Ziel zu finden und dabei mit Umschreibungen zu beginnen, also: *„Wenn ich das Ziel erreicht habe, dann ist das so wie ... ".*

e. Zielgefühl: Ich führe den Klienten in die emotionale Ebene. Dafür fragte ich ihn: „Wenn das Ziel erreicht wäre, wie würdest du dich dann *fühlen?"* Ich bitte den Klienten, probehalber ein Gefühlswort auszudrücken. Der Klient antwortet mir „frei".

f. Focusing: Ich teste das gefundene Wort zusammen mit dem Klienten mittels Focusing. Dafür bitte ich den Klienten das Wort „frei" zu wiederholen und dabei in seinen Körper hineinzuspüren, ob sich eine Öffnung eine tiefe Entspannung, ein „Felt Sense" meldet. Der Klient verneint dies. Ich bitte den Klienten, mit allem, was er momentan an *Störgefühlen* wahrnimmt Ho-op zu machen „es tut mir leid und ich liebe dich". Es meldete sich ein neues Gefühlswort, damit eine erneute Gefühlsschicht, die aber auch nicht zu einem „Satori-Erlebnis" führt. Also bitte ich den Klienten weiter Ho-op mit dem zu machen, was JETZT da ist und gehe mit ihm Schicht für Schicht durch – immer wieder kommt der Klient mit einem Gefühlswort, prüft es und taucht wieder ein. Die Abstände zwischen den auftauchenden Gefühlsworten werden immer größer, die Stille wird spürbar immer tiefer. Auf einmal erhellt sich das Gesicht des Klienten: *„Vitales Pulsieren!",* er präzisiert „vitales Pulsieren im Körper und speziell im Unterleib". Mit dem Wort „*vitales Pulsieren"* machen wir den Wiederholungstest „vitales Pulsieren, vitales Pulsieren" und erhalten das, was man im Focusing einen „Griff" nennt – ein klar wahrnehmbares Ziel. Wir fixieren dieses Ziel, indem wir genaue Definitionen erkundeten, woran der Klient merken würde, dass dieses „vitale Pulsieren" erreicht sei.

Innere Konflikte auflösen – der Visual Sqash

2. Das Ziel auf der Zeitlinie ankern:

a. Die Gegenwartsposition ankern: Ich lege einen Bodenanker (ein Blatt Papier mit der nachfolgenden Aufschrift) „Ich Gegenwart Mitte" auf eine gedachte Zeitlinie und bitte den Klienten, sich auf diesen Bodenanker zu stellen und sich darin einzufühlen, wie es ihm ginge. Der Klient bekundet *schwere Depression*, was immer ein Zeichen von Unterdrückung und oftmals ein Zeichen für Ambivalenz (im Inneren gegeneinander kämpfende, sich gegenseitig blockierende Energien) ist.

b. Den Bodenanker für die Zukunft imprägnieren: Der Klient hält den Bodenanker für seine erlöste Identität in der Zukunft an sein Herz (Blatt Papier mit der Aufschrift: „Ziel") und spricht zu dem Bodenanker: „Du bist mein Weg und mein Ziel. Zu dir bin ich unterwegs. Du bist mein *vitales Pulsieren!*"

c. Den Bodenanker auf der Zeitlinie positionieren: Der Klient macht kleine Schritte. Mit den Füßen fühlt er unter den Boden, so als wenn er über Gras läuft und die Wiese unter den Boden fühlt und er fühlt mit den Füssen, wo der Punkt der Zukunft auf der Zeitlinie ist, zu dem sich sein Ziel erfüllt hat. Der Klient legt den Bodenanker „Zukunft" an dieser Stelle ab, stellt sich auf ihn und fühlt, wie es ihm da geht und sagt: *„Ich fühle Lebendigkeit im Unterbauch. Ich sage endlich wieder, was ich denke. Ich lebe „frei raus" (frisch weg von der Leber). Ich darf ich sein."* Der Klient sieht sich als Zirkusakrobaten, der seine Vitalität tanzt und fühlt sich lebendig und frei.

d. Die neue Identität annehmen: Ich empfehle dem Klienten jeden morgen direkt nach dem Aufwachen die neue „pulsierende Vitalität" zu rufen. Er soll sich dafür vorstellen, dass ein „ätherisches Doppel" aus der Zukunft zu ihm kommt, sich auf ihn legt und sich mit ihm vereint, mit ihm verschmilzt. Ich sage dem Klienten, dass Voraussetzung dafür, dass dies gelingt die Sehnsucht nach der Verschmelzung mit dem neuen Potenzial ist. Der Klient soll sich die neue Identität dann als innere Stimme vorstellen, die ihn berät, wie er dorthin gelangt und lernen, sie zukünftig von der Stimme des konditionierten alten Verstandes und der alten Muster unterscheiden. Der Klient beschreibt, dass die „Stimme der neuen Identität" weiter hinten sitzen würde als die Stimmen des Verstandes, er erlebt die

„neue Identität" wie „auf der rechten Schulter sitzend" oder auch wie einen Reiter, der seinem Pferd von hinten etwas zuflüstert, als eine Energie im hinteren Teil des Ohres.

3. Das Ziel aus der Metaposition wahrnehmen.

Ich lege einen Bodenanker mit der Aufschrift „Metaposition" neben die Zeitlinie in Höhe der Gegenwartsposition und bitte den Klienten das Ziel nun dissoziiert aus der Metaposition wahrzunehmen. Ich bitte den Klienten auszudrücken, was er fühlt, wenn er aus der Metaposition auf die Zukunftsposition blickt. Der Klient beschreibt, dass er sich selbst in der Zukunftsposition *„zwar vital, aber isoliert"* sieht.

4. Konfliktierenden Glaubenssatz finden:

a. Ich frage den Klienten, während er auf der Metaposition steht, ob er einen Einwand dagegen wahrnimmt, sofort und ein Leben lang diese Person voller „vibrierender Vitalität" zu verkörpern? Der Klient beschreibt, dass er glaubt, er sei „isoliert von der ganzen Welt", wenn er sich selbst, genauer gesagt, seine Vitalität lebt, dass dies „verletzend für andere, insbesondere seine Partnerin" sei, „rücksichtslos" und ihm „Gegnerschaft der ganzen Welt" einbrächte.

b. Wir formulieren daraus entsprechende Glaubenssätze und sagen zu den Glaubenssätzen „ich verstehe und ich liebe dich" und beobachten, wie sich diese dadurch verändern.

5. Ursprung des konfliktierenden Glaubenssatzes in der Vergangenheit finden:

a. Bodenanker Vergangenheit imprägnieren: Ich bitte den Klienten, den konfliktierenden Glaubenssatz auf der Timeline zu ankern. Dafür gebe ich ihm (Klient noch in der Meta-Position) einen Bodenanker mit der Aufschrift „Problem Vergangenheit" und bitte ihn, den Bodenanker an sein Herz zu nehmen und mit folgenden Worten zu imprägnieren: *„Du bist der Ursprung meines Problems, der Zeitpunkt zu dem alle blockierenden Glaubenssätze, die mich heute bezüglich der „vibrierenden Vitalität" belasten, entstammen!"*

Innere Konflikte auflösen – der Visual Sqash

b. **Bodenanker auf der Zeitlinie festlegen:** Der Klient geht von der Meta-Position in die „Gegenwart", fühlt sich noch einmal in den Gegenwartszustand („depressiv") ein und geht, der Zukunft zugewandt, die Zeitlinie mit kleinen Trippelschritten rückwärts. Dabei fühlen seine Füße, wo der Punkt in der Vergangenheit ist zu dem „das alles entstand". Der Klient fühlt in dem Fall *ein Zusammensinken, Schwere, Trauer, Depression und ein tiefes Alleinsein*, zu der Entscheidung führend, sich selbst zurückzustellen (zu unterdrücken) um sich angebunden zu fühlen (an das Ganze). Zudem fühlt er sich genau so wie eine heutige Nachbarin von ihm, die schwer depressiv ist und ihn immer wieder mal um seelische Unterstützung bittet. Der Klient erkennt in der Nachbarin einen „ausgelagerten" Teil von sich selbst und erkennt, dass „der Nachbarin helfen zugleich sich selbst helfen" ist.

c. Ich empfehle dem Klienten, sich liebevoll um die Nachbarin zu kümmern und in ihr einen ausgelagerten eigenen Gedanken zu sehen. Mit allen Gefühlen, die eingedenk der Nachbarin kommen, empfehle ich dem Klienten Ho-op zu machen.

6. Meta-Position – Kriterien identifizieren:

a. Ich bitte den Klienten in die Meta-Position zurück zu gehen und von dort aus (dissoziiert) den Vergangenheitsteil anzuschauen von dem Teil, der den konfliktierenden Glaubenssatz hat und seine „Kriterien" und „Werte" zu beschreiben, dabei zugleich den Teil in der Zukunft (Ziel-Position) im Blickfeld zu haben und für diesen Teil die positive Absicht, Kriterien und Werte zu beschreiben.

b. Der Klient äußert für den Vergangenheitsanteil als Kriterium „Verbundenheit" und für den zukünftigen Teil „Freiheit".

Damit sind wir schon ein ganzes Stückchen weiter. In vielen Fällen müssen die Kriterien „was dem Klienten in der Position wichtig ist" detailliert auf ihren Kern zurückgeführt werden bis wir zu den Werten kommen (letzteres wird im nachfolgenden Kapitel gezeigt).

Innere Konflikte auflösen – der Visual Sqash

7. Gegenseitige Verurteilungen und positive Intentionen herausfinden:

a. Aus Zukunfts-Position (Glaube des zukünftigen Selbst über das Selbst aus der Vergangenheit): Der Klient geht nun in die Zukunfts-Position, fühlt sich dort ein und wendet sich dem Vergangenheits-Selbst zu, der die Zukunft blockiert. Er findet heraus, was er über den Vergangenheitsteil denkt und klassifiziert diesen Vergangenheitsanteil mit: *„dumm, krank, unterdrückt, nicht lebenswert"* und wirft ihm vor „du lebst dich nicht". Die Reaktion des Klienten aus der Zukunfts-Position ist aggressiv und verurteilend. Ich erlaube dies, damit der Klient seine Emotion voll fühlen kann, lade ihn danach ein mit seiner Wut und Aggression Ho-op zu machen („ich verstehe und ich liebe dich").

b. Aus Vergangenheits-Position (Glaube des blockierenden Vergangenheits-Selbst über das Zukunfts-Selbst): Klient geht auf die Vergangenheits-Position, fühlt sich dort ein und nimmt wahr, was er über sein Zukunfts-Selbst denkt. Er bekundet dies mit: *„Du denkst nur an dich selbst"* und *„du lässt mich im Stich"*. Bei der ersten Aussage glaubt der Klient, dass sein Vater, der ihm in der Kindheit Egoismus vorgeworfen hatte, durch ihn sprechen würde und er spürt heftige Selbst-Verurteilung während er diese Aussage spricht. Mit der Selbst-Verurteilung macht der Klient Ho-op („es tut mir leid und ich liebe dich").

c. Positive Absicht Vergangenheits-Selbst: Klient geht in die Vergangenheits-Position und fühlt sich dort ein und nimmt wahr, was die positive Absicht dieser Position ist. Er kommt wieder auf „Verbundenheit". Klient ehrt diese Absicht *„du bist meine Verbundenheit, ich gebe dir die Ehre und ich nehme dich so wie du bist"*.

d. Positive Absicht Zukunfts-Selbst: Klient geht in die Zukunfts-Position und fühlt sich dort ein, nimmt wahr, was die positive Absicht dieser Position ist und ehrt diese Absicht: „Du bist meine Freiheit. Ich gebe dir die Ehre und ich nehme dich, so wie du bist."

8. Gemeinsame Zielvorstellungen finden:

Klient sucht in beiden Positionen nach immer höheren Werten, bis sich der Widerspruch zwischen den Positionen auflöst.

a. Klient im Zukunfts-Selbst klassifiziert als Wert und Mission: *„Meine Mission ist vital zu sein, Leben zu erlauben!"* und *„Leben ist Freude und Entzücken!"* Ich empfehle dem Klienten, diese Aussagen sich immer wieder ins Bewusstsein zu rufen, sie auf einen Zettel zu schreiben, immer wieder anzuschauen und auch diesen informierten Zettel unter sein Trinkwasser zu stellen.

b. Klient im Vergangenheits-Selbst klassifiziert als Wert und Mission: *„Ich bin das Ganze"* und *„ich lebe gewaltfrei"*. Ich empfehle dem Klienten, auch diese Aussagen sich durch immer wieder anschauen und über die Wasserübertragung zu verinnerlichen.

9. Ressourcen finden:

1. Der Klient geht in die Meta-Position und schaut sich von dort aus beide Teile an und stellt fest, welche Ressourcen jeder Teil hat, den der andere Teil *nicht* hat, aber *braucht*.

2. Der Klient nimmt einen Gegenstand im Raum, der die Vergangenheits-Ressource repräsentiert und geht in die Vergangenheits-Position. In dem Fall handelt es sich um eine 10 cm große Buddhafigur (der „unterrichtende Buddha", der lehrt, dass alles miteinander verbunden ist). Er imprägniert die Buddhafigur: „Du bist meine Ressource, meine *Verbundenheit*!", fühlt sie noch einmal und stellt sie auf den Zettel in der Vergangenheits-Position.

3. Der Klient wählt einen Gegenstand im Raum, der die Zukunfts-Ressource repräsentiert und geht mit ihm in die Zukunfts-Position. In dem Fall wählt er einen etwa 10 cm großen Vajra, hält ihn an sein Herz und imprägniert ihn mit den Worten: „Du bist meine Ressource, meine *vibrierende Vitalität*!" Klient legt den Vajra auf der Zukunfts-Position ab.

4. Der Klient geht nun in die *Meta-Position* und nimmt noch einmal die Verbundenheit mit allem Sein in der Vergangenheits-Position und die Vitali-

Innere Konflikte auflösen – der Visual Sqash

tät der Zukunfts-Position wahr. Ich bitte den Klienten, wirklich zu *fühlen*, dass beide Teile einander wirklich brauchen und die Ressourcen des einen Teils für den anderen Teil *notwendig* sind, damit es weiter geht. Ich bitte den Klienten inne zu halten und in sich zu gehen und erst dann, wenn er diese Notwendigkeit *fühlt*, mir ein Zeichen zu geben.

10. Ressourcen übertragen:

    a. Der Klient geht in die Vergangenheits-Position. Er nimmt wahr, ob noch irgendwelche Widerstände dagegen vorhanden sind, die Vergangenheits-Ressourcen dem zukünftigen Selbst zu schenken, sie ihm bedingungslos anzubieten. Mit auftretenden Widerständen macht der Klient Ho-op. Der Klient nimmt aus der Vergangenheits-Position wahr, wie unabdingbar das gegenseitige Sich-Brauchen beider Teile ist[41]. In dem Fall ist der Klient tief erschüttert, hebt die Buddhafigur hoch, hält sie wie ein kostbares Geschenk vor sich her und flüstert in Richtung Zukunfts-Position vor sich her, während er sichtlich berührt ist „*bitte nimm mein Geschenk an, bitte nimm mein Geschenk an*", legt sie dem zukünftigen Selbst zu Füßen und verbeugt sich (Bodenanker).

    b. Der Klient stellt sich auf die Zukunfts-Position. Er nimmt wahr, ob noch irgendwelche Widerstände dagegen vorhanden sind, die Zukunfts-Ressourcen dem vergangenen Selbst zu schenken, sie ihm bedingungslos anzubieten. Mit den Widerständen macht der Klient Ho-op. Der Klient nimmt aus der Zukunfts-Position wahr, wie unabdingbar das gegenseitige sich Brauchen beider Teile ist. In dem Fall ist der Klient auch in dieser Position tief erschüttert, hebt den Vajra hoch, hält ihn wie ein kostbares Geschenk vor sich her und flüstert in Richtung Vergangenheits-Position vor sich her „*bitte nimm mein Geschenk an, bitte nimm mein Geschenk an*", legt sie dem vergangenen Selbst zu Füßen und verbeugt sich (Bodenanker).

11. Ressourcen vereinigen:

    a. Der Klient geht in die Meta-Position und lässt den Blick abwechselnd auf die Ressourcen-Gegenstände, in dem Fall die Buddhafigur, nun in der Zu-

---

[41] wie sehr dort ein „Intersein" im Sinne von Thich Nhat Hahn besteht

Innere Konflikte auflösen – der Visual Sqash

kunfts-Position und auf den Vajra, nun in der Vergangenheits-Position schweifen, nimmt dann die Energien beider Ressourcen gleichzeitig wahr, wie sie vibrieren, senden.

b. Der Klient nimmt in der Meta-Position Platz (Hocker hinstellen). Er öffnet die linke Hand, während die rechte Hand nach unten gedreht ist und nimmt das Vergangenheits-Selbst (links von ihm), jetzt mit den Ressourcen aus dem Zukunfts-Selbst wahr. Dann dreht er die linke Hand nach unten, öffnet die rechte Hand und nimmt dabei das Zukunfts-Selbst (rechts von ihm), jetzt ausgestattet mit den Ressourcen aus der Vergangenheit wahr. Dann dreht er wieder die rechte Hand nach unten und die linke nach oben und fühlt wieder die Vergangenheits-Position, dann wieder umgekehrt. Er gibt abwechselnd jeweils der jeweiligen Ressource den Namen, der sie am treffendsten beschreibt: „Vitalität" (rechts) – „Verbundenheit" (links) – „Tantra" (rechts) – „Gaya, Mutter Erde sein" (links) – „Himmel und Erde kommen zusammen" (rechts) – „tiefer Frieden" (links) – „mitfühlende Liberation/Befreiung" (rechts).

c. Der Klient führt nun langsam die Hände zusammen, nimmt dabei wahr, was er – insbesondere im Zwischenraum zwischen den Händen aber auch im Körper – fühlt, macht dabei mit allem, was er fühlt „Ho-op", bis die Hände vereint sind.

d. Der Klient fühlt mit zusammengelegten Händen, welche „neue Qualität" sich in ihm verankert hat und sucht das treffende Wort für das neue Gefühl. Er macht dabei Focusing, macht mehrere Versuche von „treffenden" Bezeichnungen, testet sie durch Wortwiederholung und erlebt dann als gefühlte Wahrnehmung (engl. „Felt Sense") *Wohlwollen*. Als er das Wort *Wohlwollen* ausspricht, erlebt der Klient eine tiefe seelische Berührung, einen gefühlten Wechsel (engl. „Felt Shift") und ihm laufen die Tränen. Ich erkläre dem Klienten, dass Wohlwollen der Weg ist, der letztendlich ihn zu seinem Ziel führt, das er sucht.

Eine Stunde nach der Sitzung ruft mich der Klient aus seinem Büro an und sagt, dass er gerade ein Telefonat hatte und es ihm gelungen sei, bedingungsloses Wohlwollen auszusenden und daraufhin das Telefonat für ihn sehr beglückend und entspannend gelaufen wäre. Ich bat den Klienten, das Wort „Wohlwollen" auf einen Zettel schreiben, auf diesen Zettel sein Trinkwasser zu stel-

Innere Konflikte auflösen – der Visual Sqash

len und immer wieder Wohlwollen auszusenden. Einige Wochen später berichtet mir der Klient, das sein Ziel erreicht ist und die Ambivalenz sich komplett und dauerhaft aufgelöst hat.

Nachdem wir in diesem Kapitel erfahren haben, wie sich Ho´oponopono bei Konflikten innerhalb der Zeitspur einsetzen lässt, wollen wir im nächsten Kapitel erfahren, wie sich Ho-op einsetzen lässt, um in die eigene Tiefe, mehr noch, in den eigenen Kern zu kommen und dadurch unsere Motivation grundlegend zu transformieren.

Wann immer du mit irgendetwas ein Problem hast,
frage dich: „Was für ein Mensch müsste ich sein,
damit ich damit kein Problem habe?
Und dann mache mit allem, was sich dem in den Weg stellt
Ho-op, bis du dieser erlöste Mensch BIST.

Eintauchen in den Kern-Zustand

Die Kern-Transformation, auch „Core-Transformation" genannt, bietet uns eine entscheidende Hilfe, um sich selbst als Ursache des eigenen Erlebens zu erfahren. Es handelt sich hierbei um eine völlige Transformation der inneren Motivation.

Kern-Transformation ist deshalb so wichtig, weil sie uns zu unserer inneren Quelle zurückführt und uns dabei hilft, destruktive Motivatoren zu wandeln. Nach der Kern-Transformation denkst, fühlst und handelst du nicht mehr aus Angst, Begrenzung, Stress oder Wut heraus, sondern aus der wahren Motivation deines tiefsten Seins. Und dies macht einen gewaltigen Unterschied auf alles, was du denkst, fühlst und tust. Aus diesem Grund ist die Kern-Transformation so wertvoll!!!

Connirae und Tamara Andreas haben sich um die Bekanntmachung dieser Methode verdient gemacht[42]. Gemäß Connirea gibt es fünf Kern-Zustände, anhand derer wir bemerken, dass wir aus unserer inneren Quelle, aus unserem wahren Selbst heraus leben:

    1. Ruhen im Sein

    2. Innerer Friede

    3. Liebe

    4. Okay-Sein

    5. Einssein.

Alles was wir tun im Leben tun wir letztendlich, wenn wir es tief genug untersuchen, um in einen dieser fünf Zustände zu gelangen. Leider ist unsere Strategie, dorthin zu gelangen oftmals so dysfunktional, dass wir nicht einmal erkennen, was wir gerade vermasseln.

Beispiel: Wir sind aggressiv, weil wir einen Widersacher besiegen wollen, weil wir glauben, dann in innerem Frieden zu sein. Doch um wie viel effektiver wä-

---

[42] Andreas, Connirae & Tamara, Der Weg zur inneren Quelle, Jungfermann Verlag, 3. Auflage 2008

Eintauchen in den Kern-Zustand

ren wir, wenn wir aus einem inneren Frieden heraus dem Widersacher begegnen würden?

Wie du einen Kern-Zustand erkennst

- Der Kern-Zustand ist ein Seins-Zustand, bei dem weder etwas getan noch von außen etwas passieren muss.
- Er kann jederzeit unabhängig von äußeren Umständen und davon was irgendjemand anderes tut erlebt werden.
- Er hat keine äußeren Ursachen, wie z.B.: "mein Partner hat mich angelächelt", „das Wetter ist schön".
- Er ist der Endpunkt in einer Kette von vorgelagerten Motivationen. Auf die Fragen: "Welche dahinter liegende Motivation könnte noch wichtiger sein?", gibt es keine Antwort.
- Er ist nicht reflexiv, wie z.B. "Ich liebe mich".

Wie erreiche ich den Kern-Zustand?

Die Kern-Transformation ist keine rein mentale Übung, sondern beinhaltet einen tiefen Wechsel in der eigenen Präsenz. Sie umfasst klassischerweise vier Schritte:

1. Gehe in deine innere Mitte und wähle ein Thema, mit dem du arbeiten möchtest. Mache dir bewusst, welches Gefühl, welche Reaktion, welcher Glaubenssatz mit diesem Thema zusammenhängt und bezeichne es so treffend wie möglich, z. B. Angst, Abwehr, Depression. In Zweifel kläre den Begriff mit Hilfe von Focusing.

2. Egal, ob es sich um etwas Positives oder etwas Negatives handelt, würdige die Absicht und frage ihn: „Was willst du (durch dein Verhalten erreichen)?" Zum Beispiel: Veränderung, Beruhigung, Aufmerksamkeit …

3. Frage dann weiter: „Wenn du (beabsichtigtes Ergebnis des vorangegangenen Schritts) voll und ganz erreicht hast, was möchtest du dann dadurch erreichen, das dir noch wichtiger ist?" Falls die erste Antwort negativ ist, führe durch deine Frage die Motivation auf etwas Positives zurück. Wenn jemand z. B. „Rache" wünscht, steckt dahinter womöglich die Idee, Frie-

den zu haben (sobald die Rache vollzogen ist). Dieser Schritt wird Stufe für Stufe so oft wiederholt bis du einen Wechsel spürst, nicht nur in eine Positivität hinein, sondern in eine andere Dimension, in deinen Kern-Zustand, deine Quelle.

4. Spüre deinen Kern-Zustand und nimm dir jetzt Zeit, den Kern-Zustand zu genießen.

Transformiere dein gegenwärtiges Erleben, indem du dich fragst: „Wie transformiert dieser bereits als natürlicher Ausgangspunkt bestehende Kern-Zustand (z. B. Frieden) den ursprünglichen Kontext, in dem ich das Gefühl, die Reaktion, den Glaubenssatz ... (z. B. Angst) bisher gelebt haben?"

Wenn du beispielsweise weißt, dass der Wunsch nach Rache eigentlich nur dazu dient, Frieden zu erleben, dann schau aus dem nun gefühlten Frieden heraus auf die Situation, die dir so weh getan hat. Erkenne, dass du jetzt vielleicht mit den Beteiligten etwas ganz anderes tun, fühlen, denken magst als vor der Übung.

Die Methode der Kern-Transformation habe ich wie folgt mit Ho´oponopono kombiniert und dabei gute Resultate erhalten:

1. Mache dir eine Situation bewusst, die du ändern möchtest.

2. Frage dich, warum du GENAU DAS kreiert haben könntest, was du in dieser Situation erlebst. Wenn du magst, frage auch Freunde, Kollegen, Seminarteilnehmer und nimm erst einmal, wie bei der Gestalt-Therapie sie alle in dich auf, notiere sie ungefiltert auf einem Zettel, also ohne darüber nachzudenken.

3. Dann schau auf deine Liste und sortiere die Begründungen für deine Kreation in „lebensbejahende" und „lebensunterdrückende" Motivationen. Wünsche zu büßen, Rache zu nehmen, zu leiden sind lebensunterdrückend, möchten aber genau so wie die lebensbejahenden Wünsche nach Freude, Feiern, Lebenslust geehrt werden. Auch lebensfeindliche und destruktive Motivationen verbergen in sich eine verdeckte „positive Absicht", die es zu erkennen und zu ehren gilt, damit sie sich wandeln können.

4. Kern-Transformation: Soweit es sich um lebensunterdrückende Motivationen handelt, nimm sie an, dehne dich in ihnen aus und finde die „Motiva-

tion hinter der Motivation" heraus, indem du dich fragst:

„Und wenn ich das erreicht habe, was gibt es an (positiver) Motivation dahinter, was noch größer und noch wesentlicher ist?"

5. Schäle so eine Zwiebel nach der anderen. Während du in der Kern-Transformation eine Zwiebelschale nach der anderen abschälst, sage zu der jeweiligen Motivation, die auftaucht „es tut mir leid und ich liebe dich" oder auch „ich ehre und ich liebe dich". Spüre, wie sich die Motivation energetisch auflöst und einer tiefer liegenden Motivation Platz macht. Egal, von welchem Motiv du ausgehst, du wirst am Ende stets bei einer Kern-Qualität stehen bleiben wie „Eins-Sein", „Frieden" usw.

6. Dann richte die Kern-Qualität, die durch nun auch wirklich spürst auf die Situation, die du ändern möchtest und frage dich: „Wie ändert sich die Situation dadurch, dass ich jetzt ALS Kern-Qualität (Frieden etc.) die Situation erlebe? Wie handele, denke, rede ich?"

7. Frage dich, wie du als das QUELLE mit der Situation umgehen möchtest. Wandle es ggf. durch die Methode des verändernd Hinschauens: DAS hätte ich gerne SO.

Das Geheimnis des Nagarjuna

Die Frage des freien Willens

In Interviews und Foren werde ich immer wieder gefragt, ob wir als Menschen einen freien Willen haben, oder ob Leben einfach etwas ist, das uns geschieht. Diese Frage ist unter den modernen Wissenschaftlern umstritten. Während der deutsche Neurophysiologe Wolf Singer[43], davon ausgeht, dass unser Handeln zwangsläufig ist und wir deshalb – egal, was wir tun – unschuldig sind, sieht der Hirnforscher Daniel Siegel[44] den Schlüssel für unseren freien Willen in der Praxis der Achtsamkeit. Prof. Joachim Bauer kommt zu dem Schluss, dass wir die Befreiung unseres Willens dann erleben, wenn wir im Dienste des Ganzen arbeiten, da unser Gehirn in letzter Konsequenz auf Altruismus angelegt ist und diesen belohnt[45]. Christian Opitz vermutet, dass in der Entwicklung unserer Frontallappen die Begründung des freien Willens liegen würde[46]. Er folgt damit Siegel und auch Goleman[47] denen zufolge *„die Balance zwischen Emotionserregung und ihrer Regulation als Beziehung zwischen Amygdala und Präfrontalkortex erlebt wird, welche durch achtsames Gewahrsein verändert und moduliert werden kann"*[48].

Die Auffassungen der verschiedenen Religionen

Die Frage des freien Willens beschäftigte nicht nur die Wissenschaften, sondern auch die Religionen bereits seit vielen Jahrhunderten. Die Aussagen dazu reichen von komplettem Fatalismus („alles ist vorherbestimmt") bis hin zum extremsten Machbarkeitswahn. Auch heute noch sind die Weltreligionen sich nicht über diese Frage einig. Dabei gab es bereits im 1. Jahrhundert nach Christi einen Erleuchteten, der diese Frage beantwortet hatte. Leider sind wir erst in unserer heutigen, postmodernen Zeit überhaupt in der Lage, seine Lehre zu

---

[43] Singer, Wolf, Hirnforschung und Meditation, Suhrkamp Verlag, November 2008
[44] Siegel, Daniel, Das achtsame Gehirn, Arbor Verlag 2007
[45] Bauer, Joachim, Prinzip Menschlichkeit. Warum wir von Natur aus kooperieren, Heyne Verlag 2008
[46] Opitz, Christian, Abkürzung zur Freiheit: Die Entwicklung des menschlichen Gehirnpotentials, Nietsch Verlag, Juni 2001
[47] Goleman, Daniel, Emotionale Intelligenz, dtv-Verlag, 1997
[48] Siegel, Daniel, Das achtsame Gehirn, S. 267

verstehen. Die Rede ist von Nagarjuna, auch Buddha Nagarjuna genannt. Nachfolgend eine Abbildung der Nagarjuna-Statue am Samye-Ling-Kloster im County Dumfriesshire von Schottland[49]:

Mittelpunkt von Nagarjunas Lehre war der sogenannte „Urteilsvierkant", welcher, ähnlich wie der Big-Mind-Prozess des ZEN-Meisters Merzel Genpo Roshi in der Lage ist, im Anwendenden das Aufblitzen einer Erkenntnis, einen Satori zu provozieren.

Nagarjuna wuchs in einer Region auf, in der tagtäglich die verschiedenen Religionen um die wahre Lehre stritten:

- Die Lehre des *satkāryavāda* (wörtlich etwa: „Lehre vom Sein der Wirkung") besagt, dass es keinen freien Willen gäbe, da die Wirkung bereits in der Ursache enthalten ist (Identität von Ursache und Wirkung), so wie eine Sonnenblume bereits im Sonnenblumensamen enthalten ist.

- Die Lehre des *asatkāryavāda* („Lehre vom Nichtsein der Wirkung bzw. von der Differenz von Ursache und Wirkung") behauptet, Ursache und Wirkung hätten nichts miteinander zu tun – es gäbe nur Ursache, sonst nichts, so wie es nur den jetzigen Augenblick gibt. Die ganze Idee des freien Willens sei ein Konstrukt des Verstandes.

- Die Lehre der Jains befürwortet das „syādvāda" (die Lehre von der Gültigkeit einer Aussage je nach einzelnem Standpunkt, das „sowohl als auch") aus. Ihr zufolge ist jede Aussage wahr aus der jeweiligen Perspektive der Person, die sie trifft. Man hat einen freien Willen oder keinen, je

---

[49] Quelle: Wikipedia

nachdem, woran man glaubt.

- Die Lehre der Fatalisten verwirft Karma wie Kausalität und geht davon aus, dass das gesamte Weltgeschehen auf einer tieferen Wahrheit vollkommen unabhängig von Gedanken und Taten sei. Die Frage des freien Willens erübrige sich, da es ausschließlich um die Hingabe ginge, um die Ergebenheit an das, was ist.

- Die Lehre der Materialisten (Lokāyatikas) glaubt weder an Karma, noch an Kausalität – es gäbe nur das Leben, das es im JETZT zu genießen gelte. Würde jeder sich selbst leben, wäre die Welt ein genussvollerer Ort (sog. Hedonismus). Jeder Mensch habe den freien Willen zu leben, was ihn glücklich mache.

Die oben dargestellten Lehrmeinungen zeigen, wie vielfältig der freie Wille auch aus Sicht der Religionen betrachtet wird. Auch Judentum, Christentum, Islam, TAOismus und die populäre Advaita-Lehre haben hierzu eigene, begründbare Standpunkte.

Der Urteilsvierkant

Nagarjuna erkannte, dass alle religiösen Systeme sich noch innerhalb des universalen Gemütes (engl. universal Mind) befinden. Ihn bekümmerte, dass die meisten Anhänger ihrer Religion im Verstand (engl. Mind) gefangen waren und ihre Lehre unbewusst missbrauchten, um der unmittelbaren Erfahrung des Erwachens zu entfliehen. Aus seinem erwachten Bewusstsein heraus benutzte er den Urteilsvierkant, welcher in der Lage war, sämtliche Verhaftungen des Verstandes (engl. Mind) zu lösen, die Identität von ihren Masken zu befreien, so wie ein Seidentuch aus einem Dornenstrauch befreit wird und machte sich auf, mittels Urteilsvierkant alle Masken, die vor die unmittelbare Erfahrung gestellt waren, zu entlarven.

Der von ihm propagierte Urteilsvierkant wird auch „buddhistisches Tetralemma" genannt und ist ein Format, welches der Legende zufolge bereits von dem historischen Buddha eingesetzt wurde – zumindest ist er bereits in den *Dīgha Nikāya* („Sammlung der längeren Lehrreden") beschrieben.

Der „Urteilsvierkant" als theoretisches Modell bezieht in seiner Grundstruktur sowohl den Satz vom Widerspruch als auch den Satz vom ausgeschlossen

Dritten mit ein:

- Etwas ist (so)
- Etwas ist nicht (so)
- Etwas ist sowohl (so) als auch nicht (so)
- Etwas ist weder (so) noch nicht (so)

Bezogen auf den freien Willen fordert der Urteilsvierkant auf: Finde den gedanklichen Standpunkt, an dem alle vier Thesen – „alles ist freier Wille", „es gibt keinen freien Willen", „es gibt sowohl freien Willen wie auch keinen freien Willen" und auch „es gibt weder freien Willen noch keinen freien Willen" – in Wahrheit dasselbe sind.

Der Satori-Effekt

Wenn wir über diese Aufforderung kontemplieren und sie auf uns tiefgreifend wirken lassen, fallen wir – ähnlich wie bei einem ZEN-Koan – in einen Samadhi, der jenseits der Grenzen unseres Denkens liegt, wir entdecken „das Geheimnis des Nagarjuna" und damit den Ort, aus dem wahres Ho´oponopono geschieht.

Indem wir durch die einzelnen Widersprüchlichkeiten gehen und sie allesamt in unserem Denken erlauben, tut sich auf einmal der mittlere Weg, die namenlose Mitte, der Raum des Satori auf, in dem sich alle Fragen lösen und Gott bzw. das Nirwana unmittelbar erlebt wird.

Seinen praktischen Nutzen erweist der Urteilsvierkant überall dort, wo wir gedanklich fest hängen. Da das eigentliche Problem, die gedankliche Verhaftung, sich stets im toten Blickwinkel, im „blinden Fleck" der eigenen Psyche befindet, ist der Urteilsvierkant das geeignete Instrument, wenn wir Befreiung erlangen wollen.

Im praktischen Alltag ermöglicht der Urteilsvierkant, logische Widersprüche und Verhaftungen in einem Ausmaß zu dekonstruieren (zu diskreieren), wie es kaum ein anderes Werkzeug vermag. Probleme werden dadurch nicht gelöst, sondern aufgelöst, ihre Nichtexistenz blitzt auf und der Sucher ist befreit – und darum geht es im nächsten Kapitel.

Den Diamanten schleifen – Probleme entkreieren

Im Jahr 1996 während eines Seminars über die Kern-Transformation (s. entsprechendes Kapitel) wurde der Urteilsvierkant Nagarjunas von Rudolf Kaehr und Robert Stein-Holzheim wieder entdeckt und in ein modernes Werkzeug der Problem-Auflösung umgeformt. Es ist Klaus Grochowiak und Leo Maier zu verdanken, dass wir heute ein ausführliches Buch über diese Methode haben[50], welche heute mittlerweile weltweit als Diamond-Technik bekannt geworden ist.

Die *Diamond-Technik* ist eine Problembearbeitungs- und Kreativitätstechnik zum Gewinnen neuer Einsichten, in deren Folge das Problem völlig anders gesehen oder verstanden wird. Durch die neue Einsicht *verschwindet* das Problem. Bei der Erstellung des Diamanten gehst du in folgenden Schritten vor:

1. Position - Satz: Definiere etwas, das dich stört, behindert, das für dich schwer zu lösen ist oder die eine Alternative darstellt. (Mache damit Ho-op „ich verstehe und ich liebe dich".

2. Position – Gegensatz:Definiere eine Lösung, das Ziel, was du dir wünschst bzw. die zweite Alternative. Mache mit allem, was dich an der Lösung/dem Ziel hindert Ho-op.

3. Position – sowohl/als auch: Was haben Problem und Lösung, Start und Ziel, Satz und Gegensatz gemeinsam? Indem du dir diese Frage stellst, springst du aus dem Schuhkarton deiner Vorstellungen, du verlässt die bisherige Domäne. Mache mit allem, was hochkommt, sobald du „sowohl als auch" Ho-op konfrontierst „ich verstehe und ich liebe dich". Erlebe, wie du dadurch eine völlig neue Dimension von Problemverständnis, einen völlig neuen, entspannenden inneren Standpunkt betrittst. Die Spannung zwischen Problem und Ziel, Ist und Soll, „Gut und Böse" löst sich auf. Genieße deine Dissoziation von dem Problem und fühle, wie wunder-

---

[50] Grochowiak, Klaus; Maier, Leo: Die Diamond-Technik in der Praxis: Wie man Probleme auflöst, die man bisher nur lösen wollte, Junfermann Verlag, 2000

Den Diamanten schleifen – Probleme entkreieren

bar es ist, so dissoziiert zu sein.

4. Position – weder/noch: Was ist weder das Problem noch die Lösung? Was liegt jenseits von Satz und Gegen-Satz? Was liegt jenseits von Problem und Lösung? Dieses Vierte (im Sanskrit „Turiya" genannt) öffnet die Sicht auf eine völlig neue Domäne, aus der Befreiung und Kreativität einströmen kann. Das, was bisher festgefahren, stagnierend und dunkel war (sanskrit „dukha") wird zu etwas Losgelöstem, Befreiten (sanskrit „sukha").

5. Nun gilt es, alle vier Standpunkte wertzuschätzen und ihre Schätze zu heben. Dafür begib dich auf jede der vier Positionen unseres Diamanten und frage dich für jede der vier Positionen:

    a) Was wird dadurch ermöglicht (an Positivem, was noch wertvoll ist)? Gehe mit dieser Frage, wie im Kapitel über Kern-Transformation gelernt, immer tiefer, bis du an deinem Kern-Zustand angekommen bist.

    b) Was wird dadurch verhindert/ent-möglicht (an Positivem, was wertvoll wäre)? Nutze diese Frage als Ökologie-Check, der dir bewusst macht, welche positiven Möglichkeiten durch diesen Standpunkt verhindert werden.

Wichtig ist es, jeden einzelnen Punkt neu zu prüfen und jedes Mal neu hinzuspüren. Du versetzt dich komplett in den jeweiligen Standpunkt. Es geht also nicht darum, immer stets das Gegenteil vom entgegengesetzten Standpunkt zu notieren, sondern zu notieren, was du wahrnehmen würdest, wenn du aus dem jeweiligen Standpunkt heraus leben würdest.

Wenn du den Diamanten bewusst durchläufst, kann es sein, dass heftige Emotionen und Befreiungen stattfinden. Jedes Mal, wenn du so eine Erfahrung machst, begleite dich selbst durch Ho-op, indem du zu dir selbst sagst: „Ich verstehe und ich liebe dich". Auf einmal erlebst du – wenn der Prozess gut läuft – einen Satori, unser Blickfeld wird weit und das Problem, wie schlimm es auch immer war – ist verschwunden. Nicht, dass wir eine Lösung für das Problem gefunden hätten – es hat sich einfach aufgelöst. So ist die Diamond-Technik eine Chance, dich selbst wie Münchhausen an den eigenen Haaren aus dem Sumpf zu ziehen, wann immer du dich festgefahren fühlst.

Den Diamanten schleifen – Probleme entkreieren

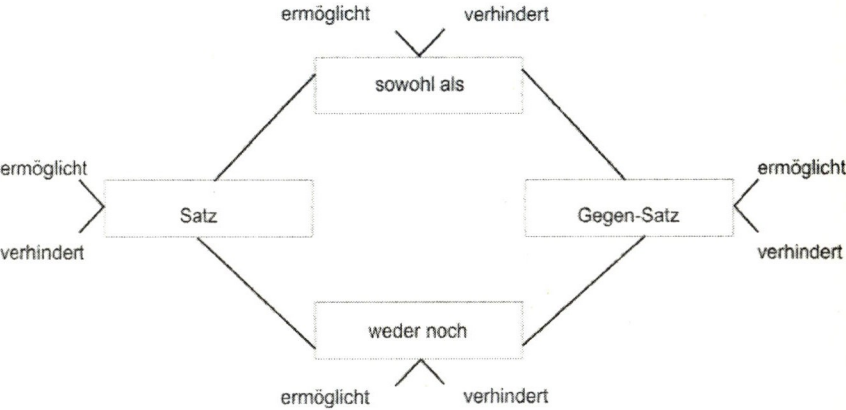

Die nachfolgende Zeichnung[51] zeigt, warum diese Technik Diamond-Technik genannt wird:

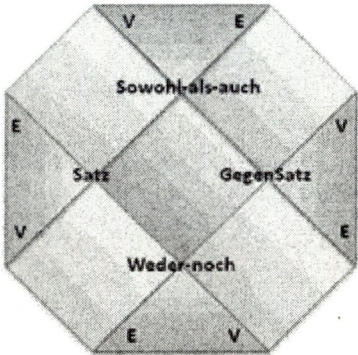

Die nachfolgende Zeichnung[52] zeigt, wie wir durch die einzelnen Schritte der Diamond-Technik jedes Problem auflösen können:

---

[51] Quelle: www.nlpedia.de, „Diamond-Technik"
[52] © erstellt von Saba Voss, München

Den Diamanten schleifen – Probleme entkreieren

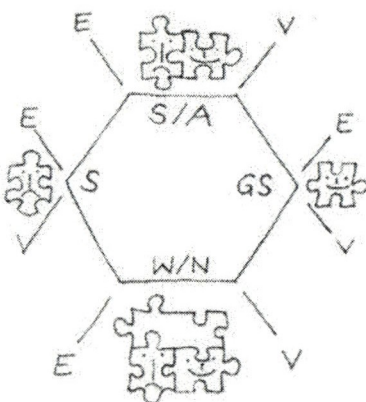

1. Der Satz, das Problem, die Alternative 1 ist in der o. a. Zeichnung mit „S" gekennzeichnet. Zum Beispiel: „Es gibt einen freien Willen", „mein Chef mobbt mich", „ich ziehe in die Stadt". Dieses ist aber nur ein Puzzleteilchen vom Gesamtbild, hier gekennzeichnet mit einem stirnrunzelnden Gesicht.

2. Der Gegensatz, die Lösung, die Alternative ist in der o. a. Zeichnung mit „GS" gekennzeichnet. Zum Beispiel: „Es gibt keinen freien Willen", „ich bin frei von Mobbing", „ich ziehe aufs Land". Dieses ist ein weiteres Puzzleteilchen, hier gekennzeichnet mit einem Smilie.

3. Das „sowohl als auch", also das, was beide Gegensatzpaare gemeinsam haben, ist in der Zeichnung mit S/A gekennzeichnet. Zum Beispiel: „Es geht um das Thema freier Wille", „es geht um Einflussnahme", „Wohnortveränderung". Erst wenn wir Satz und Gegensatz, Problem und Lösung, beide Alternativen wertfrei wahrnehmen können, erkennen wir, dass sie beide zu einem größeren Ganzen, einer Domäne gehören, die einander bedingt. „Da" steht nicht mehr in einer Spannung zu „hier", „Problem" nicht mehr in einer Spannung zu „Lösung", „Alternative 1" nicht mehr in eine Spannung zu „Alternative 2" – der innere Druck löst sich auf und gibt den Blick frei auf etwas Größeres, so wie der Tag nicht im Gegensatz zur Nacht steht, sondern sie beide den Sonnenlauf aufzei-

Den Diamanten schleifen – Probleme entkreieren

gen. In der Zeichnung ist diese Position gekennzeichnet durch ein einträchtiges Verbundensein von Satz und Gegensatz, ein Verzahnt-Sein beider Puzzleteilchen, die nebeneinander und miteinander etwas umfassenderes Größeres bilden.

4. Das „weder/noch", also das, was jenseits der Domäne liegt, welche die Gegensatzpaare umfasst, erweitert die Perspektive um Wesentliches ist in der Zeichnung mit W/N gekennzeichnet. Weder/noch gibt den Blick frei auf den blinden Fleck, der erst durch den Diamond sichtbar wird, zum Beispiel: „Es geht letztendlich um etwas Anderes als um freien Willen", „das Leben, so wie es ist", „ich erkenne, was momentan wichtig für mich ist". Auf einmal tut sich eine ganz neue Domäne auf. Dieses Auftauchen von etwas Neuem ist in der Zeichnung dadurch gekennzeichnet, unter W/N das zusätzlich zu den beiden bestehenden Puzzleteilchen ein neues Puzzleteilchen erscheint.

Da die Puzzleteilchen, die in der Zeichnung unter W/N dargestellt sind noch keine Eckteilchen sind, sondern offen dafür sind, sich mit weiteren, noch nicht gesehenen Puzzleteilchen zu verzahnen, erkennst du aus der Zeichnung, dass letztendlich eine noch weitere Perspektive möglich ist. Dafür würdest du allerdings einen neuen Diamond zeichnen und das, was du aus dem ersten Diamond als Erkenntnis gewonnen hast als neuen Satz unter „S" positionieren.

Wenn du deinen Diamanten erstellt hast, betrachte ihn liebevoll. Was verändert sich dadurch an deinem Standpunkt? Ergibt sich dadurch ein neues (höheres) Problem oder eine neue (umfassendere) Lösung? Wenn du magst nimm diese zum Anlass dafür, einen weiteren Diamanten zu schleifen, bis du dich selbst als reinen Diamanten erlebst.

Wann immer du dich in einer Ambivalenz, einem gedanklichen Problem oder einer schwer zu lösenden Frage befindest, wie z. B. „soll ich das oder dies tun?", „soll ich mich für das Eine oder das Andere entscheiden?", „wie kann ich mich aus meiner Festgefahrenheit befreien?" etc. wird dir der Diamond Lösungen offenbaren, die jenseits deiner bisherigen Denkgrenzen lagen.

Nachfolgend das Beispiel eines Klienten, der sich durch seinen Vorgesetzten gemobbt fühlt. Die nachfolgenden Lösungen sind natürlich individuell und enthalten nur die Essenz einer längeren Sitzung:

Den Diamanten schleifen – Probleme entkreieren

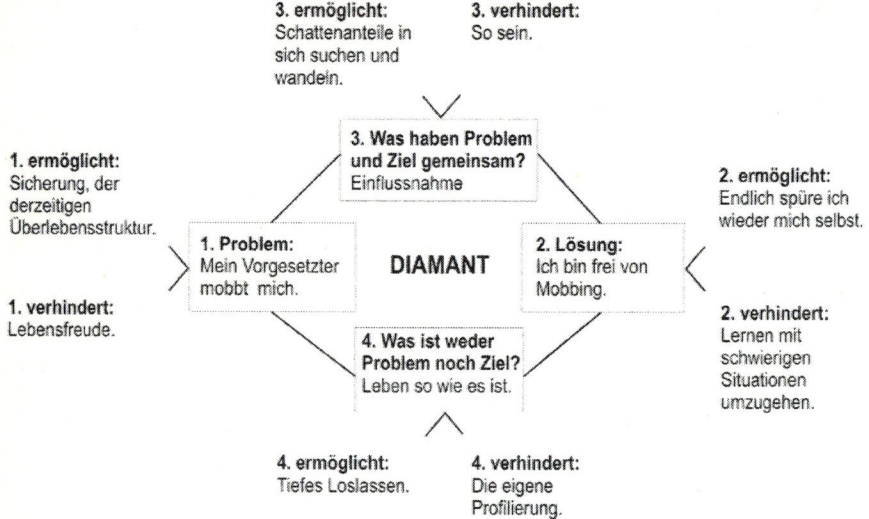

Es geht bei Diamond nicht darum, „richtige" Antworten zu geben, sondern die Schätze zu heben, die wir entdecken, wenn wir mit den jeweiligen Fragen eintauchen. Keine der vier Positionen ist besser als die andere – alle Positionen haben ihre Berechtigung, so wie sie sind. Der Diamond zeigt dir lediglich auf, dass da noch weitere Positionen *sind*, die vorher im toten Blickwinkel verborgen waren. Du steigst aus deinem Denk- und Vorstellungsgefängnis aus. Die eigentliche Transformation geschieht, wenn du das ganze Bild siehst und spürst, was dieses in dir auslöst. Dann erlebst du, dass alle vier Standpunkte zu einer neuen Domäne verschmelzen. Sehr schön hat diese Verschmelzung Salvador Dali in seinem Bild „endloses Rätsel" dargestellt:

Den Diamanten schleifen – Probleme entkreieren

Je nach Betrachtungsweise siehst du in dem o. a. Bild

1. Das Gesicht eines Zyklopen
2. Den Strand von Kap Creus mit Boot und sitzender Frau (von hinten betrachtet) beim Ausbessern eines Segels
3. Einen liegenden Philosophen
4. Ein Fabeltier (ähnlich wie ein Pferd)
5. Eine Mandoline, Obstschale mit Birnen, zwei Feigen auf einem Tisch
6. Einen Windhund

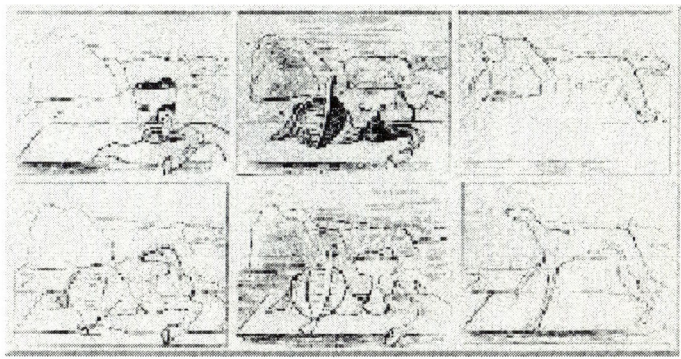

Wenn du ein multidimensionales Bild betrachtest, egal ob es das „endlose Rätsel" von Dali ist oder dein persönlicher Diamond, dann ist es wichtig, dass du dieses nicht aus dem linearen Verstand heraus wahrnimmst. Das multidimensionale Bild hat vielmehr die Aufgabe in dir eine *Veränderung der Perspektive* auszulösen. So wie du eine Stadt leichter überblicken kannst, wenn du in einem Flugzeug sitzt und die Erde leichter wahrnehmen kannst, wenn du in einem Satelliten sitzt, so verhilft dir der Diamond zu einem erweiterten Blickfeld. Um es noch krasser zu sagen: Der Diamond fügt deinem dreidimensionalen Denken noch eine weitere Dimension hinzu!!!

Es ist ein Paradox des Diamond, dass du durch ihn gleichzeitig dein Bewusstsein erhöhst und es zugleich auch vertiefst. Du kommst – egal wie festgefahren du vorher warst – zurück zu dir selbst, indem du durch das Problem gehst und es durch den Diamond dekonstruierst. Aus deiner inneren Mitte heraus sendest du Ho-op in die Welt. Im nachfolgenden Kapitel ist der gesamte Ho-op-Prozess noch einmal grafisch dargestellt.

Bildhaft dargestellt – zum Schmunzeln – Ho-op for Dummies

Bildhaft dargestellt – zum Schmunzeln – Ho-op for Dummies

Hier noch einmal die einzelnen Schritte im Ho-op-Prozess grafisch dargestellt[53]:

1. Schritt: Du bist in guter Verfassung, fühlst dich wohl, bist in deiner Mitte (Skizze 1).

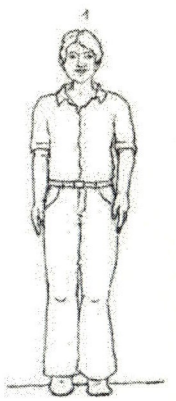

2. Du nimmst etwas wahr, das für dich unangenehm, stressbeladen, nicht optimal ist. Dies kann ein anderer Mensch sein, ein Anteil von dir selbst, ein Symptom, ein Thema, ein Lebensbereich oder eine Situation im Außen (Skizze 2).

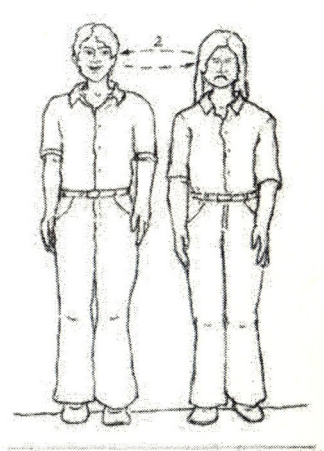

---

[53] die nachfolgenden Grafiken 1-11 © wurden erstellt von Saba Voss München

Bildhaft dargestellt – zum Schmunzeln – Ho-op for Dummies

3. Du bist bereit es als dein Eigenes zu fühlen, was dieses Andere in dir auslöst (Skizze 3) und den gefühlten Sinn (engl. „Felt Sense54") exakt zu benennen.

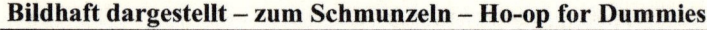

4. Du bist bereit, dieses Gefühl voll, ungeteilt und ungespalten zu erleben, dich in dem Gefühl auszudehnen bis an seine Grenzen und in die Mitte von dem Gefühl zu gehen (Skizze 4).

---

54 der Begriff „Felt Sense" stammt aus der Focusing-Arbeit von Eugene Gendlin

5. Du wendest die vier magischen Formeln von Ho-op an und setzt dadurch transformatorische Energien in Gang (Skizze 5).

6. In der Mitte des bis an seine Grenzen ausgedehnten Gefühls erlebst du, während du weiter mit den vier Formeln arbeitest, einen gefühlten Wechsel (engl. „Felt Shift[55]") eine Transformation deines Gefühl bis in die Zellebene hinein (Skizze 6).

---

[55] der Begriff „Felt Shift" wurde aus der Focusing-Arbeit von Eugene Gendlin übernommen

Bildhaft dargestellt – zum Schmunzeln – Ho-op for Dummies

7. Während du weiter Ho-op machst, erreicht und durchdringt die Transformation dein ganzes Sein (Skizze 7).

8. Über die Spiegelneuronen/das Quanten-bewusstsein sendest du die transformierte Energie in das Feld hinein (Skizze 8).

Bildhaft dargestellt – zum Schmunzeln – Ho-op for Dummies

9. Das veränderte Bewusstsein erreicht – möglicherweise – den Anderen/das Andere. Damit dies geschehen kann, ist es wichtig, das „Ich" loszulassen und ebenso auch die Idee, dass „da draußen" sich etwas ändern soll. Es entsteht ggf. ein Polsprung /Quantensprung im Bewusstsein – ob und wie dies geschieht ist allerdings nicht deine Angelegenheit, sondern die Angelegenheit Gottes/von der Einen Kraft (Skizze 9).

10. Du erlebst, dass die Transformation vollzogen IST und bist erfüllt von tiefer Dankbarkeit.

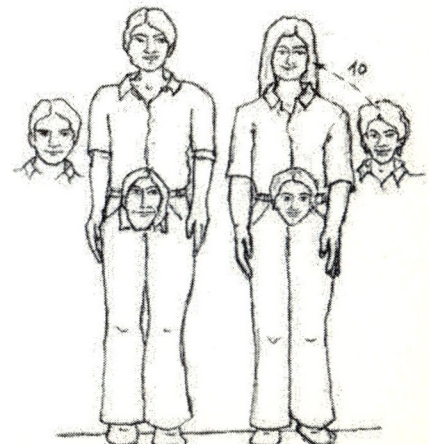

Bildhaft dargestellt – zum Schmunzeln – Ho-op for Dummies

Letztendlich erlebst du, dass alles, was du erlebst IN DIR stattfindet – DU BIST DAS GANZE und auch der gesamte Prozess bist du selbst:

Durch regelmäßiges Ho´oponopono eroberst du die größte Festung der Welt – und von dieser handelt die abschließende Geschichte im nächsten Kapitel.

Deine wahre Festung

Ein indischer König hatte einmal ein sehr großes Reich. Als der König älter wurde, machte er sich Gedanken, wer wohl das Königreich nach seinem Tode weiterregieren sollte. Er hatte zwei Söhne, rief sie zu sich, und sagte zu ihnen: „Ich möchte einen von euch zu meinem Nachfolger ernennen. Ich habe mich entschieden, dass jeder von euch eine Festung errichten soll – eine Festung, die sehr stark ist, in die niemand eindringen kann, und die alle Angriffe gegen euch abwehren kann. Ihr könnt euch vom Schatzmeister so viel Geld geben lassen wie ihr braucht – nach sechs Monaten werde ich mir eure Festung ansehen. Und dann werde ich den zu meinem Nachfolger ernennen, der die bessere Festung gebaut hat."

Der Ältere nahm sich am nächsten Tag sehr viel Geld vom Schatz und ging in die Berge, wo er eine Festung errichtete. Er ließ sehr starke Wände bauen, nahm die besten Steine, und er hatte viele, die für ihn arbeiteten. Der Jüngere aber holte sich am nächsten Tag überhaupt kein Geld vom Schatzmeister. Er setzte sich auf sein Pferd und begann, die verschiedenen Dörfer und Städte des Königsreichs zu besuchen. Er wechselte die Kleidung, damit ihn niemand als Prinz erkennen konnte, und mischte sich unter die Bevölkerung. Er hörte sich die Probleme der Menschen an, half ihnen, sprach mit ihnen über ihre Schwierigkeiten und verbrachte seine Zeit damit, eine Stadt nach der anderen zu besuchen. So vergingen sechs Monate.

Da ließ der König seine Söhne rufen und fragte sie, ob ihre Festung fertig sei. Der Ältere bejahte, und auch der Jüngere meinte, dass seine Festung fertig sei. Der König sagte zu, am nächsten Tag mit ihnen die Festung zu besichtigen. Und so bestiegen sie am Tag darauf ihre Pferde, um sich die Festungen anzusehen. Der Ältere führte den König zuerst zu seiner Festung und als der König diese sah, war er überrascht, wie schön und stark sie war. Noch nie zuvor hatte er eine solche Festung gesehen. Er fragte: „Wer hat diese Festung gebaut?" Der ältere Sohn sagte stolz, dass er es gewesen sei. Als sie die Festung betraten, sahen sie, dass sie sehr gut durchdacht und geplant war. Der König war sehr glücklich, eine so schöne Festung zu sehen.

Dann fragte er den jüngeren Sohn, wo denn seine Festung sei. Dieser antwortete: „Wenn wir die Festung besichtigen, die ich errichtete, habe ich eine Bitte." Der König fragte: "Welche Bitte?", und der jüngere Sohn erwiderte: „Wir müssen uns umziehen, um meine Festung sehen zu können." Da fragte der Ältere, was denn das für eine Festung sei, die sie mit ihrer Bekleidung nicht betreten könnten. Der Jüngere sagte: „Bitte geht mit mir."

Der König stimmte zu, sie zogen normale Straßenkleidung an und folgten so verkleidet dem jüngeren Sohn. Als sie in das erste Dorf kamen, liefen alle Leute zusammen, um den jüngeren Sohn zu begrüßen. Sie fragten ihn, wie es ihm gehe. Der König sah, wie freundlich sie zu seinem Sohn waren und wie sehr sie ihn schätzten. So führte der jüngere Sohn den König von einem Dorf zum anderen, und überall lief es ähnlich ab wie im ersten Dorf. Als sie ihre Reise beendet hatten, fragte der König, wo denn nun die Festung sei, und der jüngere der beiden Söhne erwiderte: „Meine Festung liegt in den Herzen der Menschen. Die Liebe, die sie mir entgegenbringen, ist eine Widerspiegelung der Liebe, die ich ihnen gebe. Und nichts in dieser Welt kann sie zerstören. Dadurch, dass ich mit ihnen gelebt habe, ist ihr Glaube an mich so groß, dass ihn nichts in dieser Welt erschüttern kann. Diese Art von Festung habe ich erbaut." Als der König über die Festung nachdachte, die sein jüngerer Sohn erbaut hatte, war er überglücklich und ernannte seinen jüngeren Sohn zu seinem Nachfolger. Die Festung, die wir für uns errichten müssen, ist eine Festung, die uns veranlasst, uns in uns selbst zu konzentrieren ...[56]"

Ho´oponopono mit jedem und allem zu machen, was uns begegnet ist der Weg, um die innere Festung auszubauen – in den Herzen aller Menschen, die das Glück haben, uns zu begegnen. Dass dies ein langer Weg ist und noch kein Meister vom Himmel gefallen ist, ist uns bekannt. Aber beginnen können wir mit dem ersten Schritt und dieser ist JETZT.

---

[56] aus der Ansprache von Sant Rajinder Singh am 25.12.2001 in Chicago, veröffentlicht in Sat Sandesh März-April 2002

Danksagung und Leserservice

Lieber Leser, liebe Leserin, ich hoffe dieses Buch konnte einen entscheidenden Beitrag zu deinem Leben leisten, und wünsche dir alles Gute auf deinem Weg. Vielleicht sehen wir uns einmal persönlich in einem Vortrag oder in einem Seminar. Glück und Segen auf deinem Weg. Mögen Ho´oponopono und der „Frieden im Ich" stets mit dir sein.

Klaus Jürgen Becker

Juni 2009

Im Rahmen meiner Lebensberatungspraxis in Herrsching am Ammersee biete ich an:

❀ Einzel-Coaching

❀ Partnerschaftsberatung

❀ Vorträge

❀ Seminare (auf Wunsch auch bei dir vor Ort)

Bei Interesse schreibe mir bitte an folgende Adresse:

Klaus Jürgen Becker
Dipl. Lebensberater, Life-Coach
Hauptstr. 28
82229 Seefeld
klaus@klausjuergenbecker.de
Du erhältst dann weitere Unterlagen!

Das Forum für Ho´oponopono im Internet, moderiert vom Autor:

http://www.riwei-verlag.de/forum

Forum im Internet

http://www.riwei-verlag.de/forum

Hier können Sie sich mit dem Autor und anderen Ho´oponopono Praktizierenden austauschen.

Bei Drucklegung standen schon über 3.800 Beiträge die von 320 Teilnehmern geschrieben wurden im Forum.

Das Grundlagenwerk: Becker, Ho´oponopono und die Kraft der Selbstverantwortung

Vom Autor gibt es auch eine DVD:

DVD Becker; Ho'oponopono – Die Kraft der Selbstverwirklichung

Spielzeit 92 Minuten

Bestell-Nr. Sa-631 erschienen im RiWei-Verlag Regensburg

ISBN 978-3-89758-631-4   Preis 19,80

Weiteres von Klaus Jürgen Becker

Klaus Jürgen Becker
Ho'oponopono - Die Kraft der Selbstverantwortung

600 Seiten.
ISBN 978-3-89758-630-7

Ho'oponopono bedeutet "übernatürliche Kräfte wiederherstellen und erhalten". Was wir vor der Entdeckung der Quantenphysik noch für "Wunder" gehalten haben, ist heute erklärbar: Die Kraft der Liebe und Vergebung kann das Leben verwandeln. Wenden Sie dieses Wissen "hier und jetzt" an. Dieses Buch führt Sie Schritt für Schritt zum größten Schatz Ihres Lebens, der in Ihnen selbst liegt. Mit genau 600 Seiten wird dieses Buch den Rang des Grundlagen- und Standardwerkes einnehmen. Die es bisher gelesen haben, waren alle begeistert.

Klaus Jürgen Becker
Vom Jüngling zum Mann
Ein Weg der persönlichen Erfüllung, dargestellt am Märchen "Teufel mit den drei goldenen Haaren"

188 Seiten.
ISBN 978-3-87958-636-9

Das neueste Werk von Klaus Jürgen Becker (nicht nur) für Männer. Der Autor zeigt anhand des Märchens vom ‚Teufel mit den drei goldenen Haaren' auf, wie durch die Annahme des Schicksals Befreiung und persönliche Erfüllung erfahren werden kann. Kernstück dieses Buches ist die **Begegnung des inneren Glückskindes** mit dem Ungelösten. So kann dieses Buch als Meisterwerk in Sachen Schattenarbeit verstanden werden. **Neue, spannende Bewusstseins-Techniken** helfen uns dabei, die in uns vergrabene Weisheit freizulegen und ‚innere Dämonen' in Verbündete zu wandeln. Folgen Sie dem Glückskind im Märchen bei seiner Reise. Nutzen Sie die speziellen Methoden in diesem Buch, um Negativität und Selbstsabotage-Programme zu löschen bzw. aufzulösen und in **lebensbejahende Kraft** zu wandeln.

Die neue Zeitschrift für den Weg - vom Kopf ins Herz

erscheint monatlich

Anzeigen - frei
Immer wieder mit Beiträgen von Klaus Jürgen Becker

Fordern Sie gleich ein kostenloses Leseexemplar beim Verlag an:

RiWei-Verlag GmbH
Postfach 20 04 54
93063 Regensburg
Tel. 0941 / 799 45 70
Fax. 0941 / 799 45 72
EMail: info@riwei-verlag.de
Webseite: www.riwei-verlag.de
Shop: www.urteilchen.de